3.11以後の建築
社会と建築家の新しい関係

編著 五十嵐太郎・山崎亮

学芸出版社

Architecture since 3.11
New relationships between society and architects

Written and edited by IGARASHI Taro, YAMAZAKI Ryo

Gakugei Shuppansha

Contents

巻頭対談

社会と建築家の新しい関係 3.11以後の建築 —————— 008
五十嵐太郎×山崎亮

「3.11以後の建築」展に寄せて —————————————— 018
"Architecture since 3.11" exhibition statement

Chapter 1 みんなの家 ————————————————— 020
Home-for-All

伊東豊雄＋乾久美子＋藤本壮介＋平田晃久＋畠山直哉 —— 022
ITO Toyo + INUI Kumiko + FUJIMOTO Sou + HIRATA Akihisa + HATAKEYAMA Naoya

伊東豊雄｜転機となった「みんなの家」と、
　　　　　これからの建築観を語る。

Chapter 2 災害後に活動する ———————————————— 032
To get going after the disaster

坂 茂｜BAN Shigeru ————————————————— 034
モニュメントとしての災害支援

東日本大震災における建築家による
復興支援ネットワーク[アーキエイド] ————————————— 044
ArchiAid—Relief and Recovery
by Architects for Tohoku Earthquake and Tsunami

建築家の自律的分散型アプローチによる
復興支援活動とネットワークの構築

はりゅうウッドスタジオ｜Haryu Wood Studio ——————— 052
被災地×縦ログ構法。その優位性と可能性を探る。

小野田泰明｜ONODA Yasuaki ——————————————— 060
復興作業の概要と建築人の役割

PROJECT 1

建築家ボランティアがまちの人たちと一緒につくった ————— 070
災害時のための「逃げ地図」

日建設計ボランティア部×金沢市民
Nikken Sekkei Volunteer Group × The citizens of Kanazawa

Chapter 3 エネルギーを考える — 078
Considering energy

竹内昌義＋馬場正尊＋東北芸術工科大学 — 080
TAKEUCHI Masayoshi + BABA Masataka +
Tohoku University of Art & Design
日本における真のエコ住宅の開発を目指す。

三分一博志 | SAMBUICHI Hiroshi — 088
エナジースケープ

山梨知彦＋羽鳥達也＋石原嘉人＋川島範久（日建設計） — 096
YAMANASHI Tomohiko + HATORI Tatsuya + ISHIHARA Yoshito +
KAWASHIMA Norihisa (Nikken Sekkei)
快適環境づくりと災害避難に、
同じシミュレーション技術で取り組む。

Chapter 4 使い手とつくる — 104
Making with users

新居千秋 | ARAI Chiaki — 106
まちの人や風土と対話しながら、
居心地のいい建築をつくる。

工藤和美＋藤村龍至＋東洋大学ソーシャルデザインスタジオ — 114
KUDO Kazumi + FUJIMURA Ryuji + Toyo University Social Design Studio
縮小を集団で設計する。

青木淳建築計画事務所＋エンデザイン — 122
Jun Aoki & Associates + En+Design
市民と徹底的に関わってつくる、
十日町の「まちなかステージ」。

乾久美子 | INUI Kumiko — 130
様々なユーザーと一緒に、
市民の活動拠点にもなる「駅」をつくる。

PROJECT 2

建築家が市民のアート展を面白く見せることに挑戦した ———— 138
「市民ギャラリートライアル」

Trial 1　403architecture [dajiba]×モダンアート協会展
Trial 2　ドットアーキテクツ×小中学校合同展（中学校美術）
Trial 3　垣内光司×金沢発信アウトサイダーアートvol.7展

403architecture [dajiba] ／ dot architects ／ KAKIUCHI Koji

Chapter 5　地域資源を見直す ———— 142
Reexamining local resources

バスアーキテクツ | BUS ———— 144
「創造的過疎」を楽しむ町の人を資源に、
活性化のためのインフラをつくる。

403architecture [dajiba] | 403architecture [dajiba] ———— 152
浜松という都市のネットワークが、
プロジェクトの連鎖を生み出す。

小津誠一＋宮下智裕＋松田達 ———— 160
KOZU Seiichi + MIYASHITA Tomohiro + MATSUDA Tatsu

金沢都市再編計画2014
〈都市〉と〈まち〉を繋ぐ。

PROJECT 3

金沢人が大阪のビルマニアと ———— 168
市内の1950～70年代のビルを調査した
「金沢まちビル調査」

BMC（ビルマニアカフェ）×金沢まちビル調査隊
BMC×Kanazawa town building survey

Chapter 6 住まいをひらく
Opening the house — 178

光嶋裕介 | KOSHIMA Yusuke — 180
地域や仲間のために、ひらかれた自宅をつくる。

成瀬・猪熊建築設計事務所 | Naruse Inokuma Architects — 188
「シェア」を設計する。

ブルースタジオ | blue studio — 196
建築家のスタンスで、
過去の物語に新たな物語を吹き込む。

Chapter 7 建築家の役割を広げる
Broadening the role of the architect — 204

西村浩＋ワークヴィジョンズ — 206
NISHIMURA Hiroshi + WORKVISIONS
小さくても楽しいできごとの連鎖で
街の新陳代謝を活性化する。

東京R不動産 | Realtokyoestate — 214
業界の境界線を踏み越えて、
新しい建築家の枠組みをつくる。

トラフ建築設計事務所 | TORAFU ARCHITECTS — 222
「もの」から「空間」を発想する。

岡啓輔 | OKA Keisuke — 230
東京の真ん中に、9年がかりで
コンクリートビルをセルフビルドする。

謝辞 — 238

社会と建築家

3.11以後の建築

YAMAZAKI Ryo

IGARASHI Taro

建築史家
五十嵐太郎

の新しい関係

社会が求める建築家のあり方が、2011年3月11日に起きた東日本大震災の前後から新たな転換期を迎えたという指摘がある。エネルギー意識の高まりや少子高齢社会の本格化、そして縮小均衡化する日本経済。このような社会と建築家の接点で、今、何が起こっているのか。そして建築家たちは何を思索しているのか。それを捉えて金沢21世紀美術館で開催される「ジャパン・アーキテクツ 3.11以後の建築」展のゲストキュレーターである五十嵐太郎と山崎亮が語った。

コミュニティデザイナー
× 山崎 亮

建築の見えない部分を見る

山崎　2014年11月1日から金沢21世紀美術館で開催の「ジャパン・アーキテクツ」展は2部構成になっていて、「ジャパン・アーキテクツ 1945-2010」のほうはフランスのポンピドゥーセンターと共同で、戦後の日本建築の歩みを振り返る展覧会。一方、われわれがゲストキュレーターを務める「3.11以後の建築」展は、東日本大震災以降の最新の建築動向を探る展覧会になっていますが、この2つの切り口は対照的ですごく面白いですよね。

五十嵐太郎(いがらし たろう)
建築史家、建築評論家。1967年パリ生まれ。1992年東京大学大学院修士課程修了。博士(工学)。現在、東北大学大学院教授。「せんだいスクール・オブ・デザイン」教員を兼任。「あいちトリエンナーレ2013」芸術監督。「第11回ヴェネチア・ビエンナーレ国際建築展」日本館展示コミッショナーを務める。「あいちトリエンナーレ2013」で芸術選奨文部科学大臣新人賞を受賞。『現代日本建築家列伝』(河出書房新社、2011)、『被災地を歩きながら考えたこと』(みすず書房、2011)、『3.11/After』(監修・LIXIL出版、2012)他、著書多数。

五十嵐　前者は、「フランスから見た、目立つ前衛デザインとしての日本建築」で構成されますから、やはり造形的な面白さが重視されますね。それに対して、後者では、かたちの背後にあるもの、つまり建物や建築家に内包されている社会的な視点、あるいはそのプロセスや物語を見せることが目指されています。それらを集めて並べてみることで、「社会と建築の接点で、今、何が起きているか」ということが見えてくるのではないか、と。この切り口は、日本の建築の現在の動向を示しているというだけでなく、今、岐路に立つ日本の建築界や建築家に対するメッセージでもあると思います。

山崎　これまでのように、施主と建築家の関係だけを大事にしたり深堀りしたりしているだけでは、多くの課題を抱えた今後の日本における建築家の存在感が危うくなるのではないか、ということですよね。

五十嵐　実際、そのことが東日本大震災の後、如実に建築家たちに突き付けられましたからね。3.11が過去の災害と比べて、建築界では突出して多く語られ、注目されたにもかかわらず、行政から建築家たちにほとんど声が掛からず、ものすごいショックを受けた。

山崎　実は1995年の阪神・淡路大震災の時にも同じようなことが起こっ

ていたんですよ。つまり、建築家は立派な建築や華美な空間をつくる人たちで、震災後のように危急の時には思い起こされない対象になってしまっていたのか、復興住宅の設計や復興計画に呼ばれた建築家は少なく、特に関西の若手建築家たちはそのことを問題視していました。そしてその後、「建築家はもっと社会的な存在にならなければならない、バブル時代の建築家イメージを払拭しなければならない」と、自分なりの方法で行動に移した建築家たちが少なからず出ました。そんな彼らの活動を五十嵐さんと僕とで整理し、社会的な存在になろうとする建築家の取り組みを7つの傾向に分類しました。その結果発表の場が、「3.11以後の建築」展なんですよね。

五十嵐 そうですね。もちろん前衛的なデザインは今も世界から評価されていますし、他にもまだいろいろな傾向ややり方があるでしょうが、この7つの切り口が、これからの日本の建築の動向を示唆するものであることは、確かだと思います。

山崎亮（やまざき りょう）
コミュニティデザイナー。1973年愛知県生まれ。大阪府立大学大学院および東京大学大学院修了。博士（工学）。建築・ランドスケープ設計事務所を経て、2005年にstudio-Lを設立。地域の課題を地域に住む人たちが解決するためのコミュニティデザインの手法で、まちづくりのワークショップ、住民参加型の総合計画づくり、市民参加型のパークマネジメントなどに携わる。「海士町総合振興計画」などでグッドデザイン賞、「親子健康手帳」でキッズデザイン賞などを受賞。『コミュニティデザイン』（学芸出版社、2011／不動産協会賞）他、著書多数。

「建築家に相談だ」

山崎 先ほど、2つの大震災後、建築家が社会的な役割を担うようになってきたと述べましたが、そもそも建築家は社会の課題を解決するためのアイデアや技術をいっぱい持っている人種だと思うのです。だから社会が建築家を使わないのは実にもったいないことだと思うのですが。

五十嵐 僕もそう思います。特に、建築家が身に付けている、様々な職種の人や雑多なものごとをまとめて最適に機能させる能力、つまりプロデュース能力を使わない手はありません。学問的に見ても古来、建築学には力学や材料、環境やエネルギー、構法、計画や法律、意匠、歴史など、多岐にわたるジャンルの素養が含まれているはずで、さらに教

育の場では、口だけではなく、手を動かしてモノをつくり、魅力的に見せるプレゼンテーション力を養います。こうした総合力は、建築という単体のためだけでなく、社会の課題解決のためにも十分に使えるものです。たとえば、レム・コールハースは、設計事務所の他にシンクタンクの組織も設立し、デザインと資本主義社会の動きを連動させる試みをしていますが、建築家は多かれ少なかれ、ひとりでこれができる人種なんですよね。

山崎 僕は五十嵐さんの言うプロデュース力に、「発想力」と「美しく見せる力」も付け加えたいと思います。僕もデザイン分野の出身者なので分かるんですが、「既存のものを適当にアレンジして済ませよう」といった志向性を持つ建築家はあまりいなくて、多くの建築家は何とか他にはないデザインや解決策を見つけて施したいと思うものです。そして小さなことでもいいから独自性を生み出そうと努力する。その独自性を発揮する力に優れているのが建築家だと思うのです。さらには、最後にすべてをちゃんと美しくまとめて見せる力もある。「機能はいいけど、見栄えがしない」「いいことやっているけれど、ダサい」というのはもったいないことですが、建築家は、そうならないための機能性と審美性のバランスをうまく取りまとめる能力を持っていると思います。

五十嵐 だから、社会も生活者も、もっと建築家を利用したほうがいいよと言いたいわけですよね。実際、日本には欧米以上に多くの数の建築家がいて、各地で活動していますからね。

山崎 そう。10年ほど前に「牛乳に相談だ」というCMがあった気がするんですけど、そういう感じですね。何かに困ったら、それが建築関係じゃないと思ってもまずは「建築家に相談だ」って考えてみる。そうなったら、世の中がもっと楽しくなったり、うまく行ったりするんじゃないかなあ。一見、「こんなこと建築に関係ない」と思うようなことでもまずは建築家に相談してみたら、いろいろな側面から検討され、行き届いた答えが返ってくると思うんですけどね。何しろ、広い知識を持っている人たちだから。

新しい存在価値の模索

五十嵐　新しい動向を顕在化させるきっかけになったのが3.11であることは間違いないですが、バブル崩壊以降、ひたすら建設する右肩上がりの社会像が破綻し、建築を取り巻く環境は厳しくなっており、もう少しマクロな時代性が引き起こしている現象でもありますよね。

山崎　端的に言うと、建築だけやっていても食べられないという状況がありますね。公共建物の設計機会は減っているし、住宅の設計もハウスメーカーに席巻されている。

五十嵐　隈研吾さんがそういう状況について「パドックからカラオケへ」（新建築2006年4月号）という興味深い論文を書いています。かつては、住宅の仕事は、建築家がやがて出馬することになる本レースの前のパドック的な位置付けにあったが、今や本レースはなくなり、施主と一緒にずっと歌を楽しんでいるカラオケボックスのような位置付けになっているという批判的な内容です。それはまさにそうで、ハコモノ行政という批判的な言葉が生まれ、「新しい建物はできるだけ建てない」ことを旨とするこれからの日本社会において、今までの建築家のサクセスストーリーはもうほとんど成立しない。また、数が減ったコンペのハードルも実績主義になって保守化し、若い建築家は参加することさえできず、門前払いです。じゃあいったい自分の存在感や達成感をどこに求めたらよいのかという問題意識が、建築家を動かしていると思います。

> いったい自分の存在感や達成感をどこに求めたらよいのかという問題意識が、建築家を動かしていると思います。
> ——— IGARASHI Taro

山崎　その問題意識は多様な動きになって現れていますよね。たとえば、今までは建築家のアルバイトとみなされていた家具デザインやインテリアを本気でやる人、小さな仕事だけれど自分たちを心から欲してくれるクライアントがいる地方都市に活路を見出す人、別の職種と建築家を合体させてみる人、建築をツールに地域活性化に一役買う人など、

様々に分化しながらそれぞれに存在感を示し始めているという状況でしょうね。

五十嵐　まあ、まだまだ見えていない部分もあるし、果たしてそれらが、建築家にとって本当に、王道の建築に取って代わられるほどやりたいことなのかという疑問はありますけれど。でも、そうした建築家の新しい動きによって助かっている人は実際にいるわけですし、一方、建築家たちも本当に辛くて嫌なら、あまりお金にはならないそういう動き方をわざわざしないだろうから、社会におけるバランスはうまく行っていると思われますね。

「ハコの力」も忘れない

山崎　僕なんかは、物理的な空間の設計を自主的に辞めたほうなので、王道の建築と違うところに着目した建築家たちに対して親近感を抱きますし、「そういう分野も僕たちの力を求めているよね！」と共感するのですが、やはり多くの建築家が目指すのは「名作」と呼ばれるような象徴的建築を設計することなのでしょうね。

五十嵐　ネットがどれだけ普及しても現実の世界は消えないように、従来からあったモノとしての建築の意味が完全になくなることはないと思います。なので、現在の日本の建築の状況については、僕はとても憂慮していますね。世界的に高く評価され、海外から多くの仕事を依頼されているような日本人建築家でさえ、拠点とする東京に代表作がないという傾向になっているわけですから。単純にすごくもったいないと思いますね。乱造する必要はないですが。

山崎　名作と呼ばれる建築が持つ力、影響力は大きいですからね。

五十嵐　そう。たとえば、SANAAが設計したこの「金沢21世紀美術館」が、まちに及ぼした影響は計り知れないでしょう。できて10年の間に、日本の現代アートの巡礼地になったし、観光スポットになったし、市民の誇りになったし、憩いの場にもなっています。対談している今も、休

館日であるにもかかわらず、オープンスペースに絶えず人が行き交い、通り過ぎる。これは、もちろん展覧会の内容やスタッフの努力も大きいですが、建物の持つ力によるところも大きいです。建物なしで、これだけのことを達成するのは、なかなか難しいことです。シドニーのオペラハウスは施工や建設費の面で大変なプロジェクトでしたが、今やオーストラリアの顔であり、最も若い世界遺産です。広告代理店に大金を払って国のイメージ・キャンペーンを依頼しても、一時的なものでしょう。しかし、一度出現したすぐれた建築は、長期間にわたって大きな価値を持つと思います。

山崎 「脱建築」の思想ばかりでなく、社会が「いい建築をつくる」という気概を持つことや、それができる建築家を育てることも、やはりすごく大事なことなんですね。

五十嵐 そう思います。建築の仕事はどうしても経済が活性化した場所に集中しますし、グローバリズムの時代には海外にそのチャンスが増えるでしょう。一方、国内にとどまれば、従来の建築の枠組を超えた仕事を生み出し、サバイバルしていく必要がある。でも実は、環境に影響を与えることは、公共施設でなくとも、住宅ひとつでもできるんです。2014年5月に愛知県の若手建築家のシンポジウムにゲストとして参加した時に、彼らは「住まいが風景をつくる」ことをテーマに掲げ、展覧会を開催していました。「住まいが風景をつくる」とは、住宅が敷地内に閉じることなく、周辺環境への影響力を意識して設計をしている、という意味だったのですが、なるほどなあと思いました。小さなものでも建築物はまちの風景をつくる。建築家はその影響力を最大限に活かして、その成果も合わせて作品にすべきなのだと。

> 「脱建築」の思想ばかりでなく、
> 社会が「いい建築をつくる」という気概を
> 持つことや、それができる
> 建築家を育てることも、
> やはりすごく大事なことなんですね。
>
> ——— YAMAZAKI Ryo

今の時代のアプローチを探る

山崎 この時代にそうした良い作品をつくり続ける建築家であるためには、地域に根を下ろし、地域の人と誠実に付き合い、地域のコミュニティに属する施主たちの紹介を通じて仕事を受注し続けるという方法もありますよね。コミュニティアーキテクトと呼ばれるような建築家像。かつては当たり前だったこの種の建築家像を見直す必要がありますね。

五十嵐 世界を飛び回らなくても、やりがいのある仕事はできますからね。よそ者だから提案できることもある一方、やはり地に足の着いたところで仕事をするのが、実は建築家としていちばん力が発揮できるという側面もあると思いますよ。何度でも現場に足を運べるし、その土地の風土や暮らしもよく分かっているし。地域密着は、建築家として誠実でいい仕事をするための有効な方法であることに、今も昔も、そしてこれからも変わりはないでしょうね。

山崎 「いい建築をつくる」ということで言えば、建築家が設計だけでなく施工までも合わせてやるというのも、いい方法だと思うんです。設計と施工が分離されてないで一緒になると、施工時に見つかった問題点などが同じ人間がやっている設計にすぐ反映できるので、設計も施工もどんどん修正されていくことになるし、ひとりの人間の手と頭が相互に反応しながら魅力的な空間をつくりあげることになると思います。それはある意味、「いい建築」をつくれるプロセスですよね？

五十嵐 確かに。リノベーションも、建築家の独壇場とせず、設計や施工に施主や使い手も巻き込むうえで有効なプラットフォームになりますね。何もないところに生まれる新築は素人が善し悪しを判断しにくいですが、ビフォーアフターで比較できるものは素人目にも分かりやすいから口を出しやすい。また小規模なリノベーションやインテリアならば、素材など、あるものを生かしながら、一緒につくったりプロセスへの参加の意識を持ちやすい。

山崎 エコ住宅への取り組みもいいですね。建築家が入ることで、「我

YAMAZAKI Ryo

慢するエコ」が「我慢しないエコ」になる。快適であることとエコであることとを両立させようとするところにこそ、建築家の力が発揮できるんだと思います。

五十嵐 山崎さんはコミュニティデザイナーとして、手掛けるプロジェクトによく「使い手に聞く」という手法を使うと思うのですが、これは建築にも「いい方法」ですか？

山崎 難しいところですね。と言うのは、使い手は使うことの専門家なんだけど、建築の専門家ではないわけです。ですから、僕は「使い方についての意見はいくらでも聞きますが、設計については建築家に任せましょう」というスタンスを取ることが多いですね。昨今、公共建築の設計時にワークショップなどを開いて使い手の声を聞こうという建築家は増えていますが、その時に「使い手」と「作り手」の役割をどう繋げて、どう分けるのかを判断することは重要だと思います。

IGARASHI Taro

五十嵐 今とは違う方法ですが、1950、60年代にも、建築家が社会と関与しようとして、結局、撤退しました。ちなみに、現代美術では、絵画や彫刻などのいわゆる作品でなく、ヨーゼフ・ボイスの「社会彫刻」やリレーショナル・アートなど、人々の参加を探る動向があります。今回、僕たちがキュレーションしたこの展覧会において、建築でも社会と再び関係を結ぼうとする姿勢が浮かび上がり、それを見た一般の方や企業や自治体が建築家を新たな視線で見直し、建築家に声を掛けるようになるといいですね。

山崎 本当に。そしてこの姿勢や志向性が新たな日本人建築家像として、まず日本で、次には世界でも意識され、評価されるようになれば、さらに嬉しいですね。

(2014年8月18日 金沢21世紀美術館にて収録)
photo: 池田ひらく

「3.11以後の建築」展に寄せて

五十嵐太郎

東日本大震災では、海辺の多くのまちが激しく破壊され、未曾有の原発事故は現在に至るまで立入りさえ困難なエリアを生み出した。これまでは災害の後、構造を強化したり、不燃化を促進したり、耐震の基準が高くなったりしてきたが、今回は建築界において社会との繋がりが大きく注目されるようになったことが特筆される。むろん、こうした動きは派手な造形のポストモダン建築が花開いたバブル経済の崩壊後から、また日本の社会が少子高齢化に向かう中で、少しずつ起きていたことだが、それが顕在化した。震災はわれわれが考えるべき課題を前倒しにしたのである。大金をかけて、もっと強いハードをつくるだけでは、津波や地震に対抗できない。人と人の繋がり、あるいはまちと人の関係といったソフト面からのアプローチが重視されているのだ。これに伴い、かたちから関係性のデザインへと、建築家の役割も変化している。「3.11以後の建築」展は、そうした新しい活動に焦点を当てる。

山崎亮

住宅や公共施設が足りない時代には、「何のためにつくるか」を改めて考える必要がなかった。しかし、それらが余る時代になると悩ましい。「足りているのになぜつくるのか」ということになる。特に、空き家や空き地が増え続ける地方においては、建築の力を何に活かすべきか探らざるを得ない。だからだろうか、地方に興味深い建築の実践が多く見られる。これまでなら建築の範疇ではないと考えられてきたことに取り組む建築家たちがいる。こうした実践は、「どうデザインするか」よりも「何をデザインするか」を考えることから生まれていると言えよう。東北地方はまさにそんな場所だった。だからこそ、東日本大震災以後に「何をデザインするか」を改めて考え、実践する必要があったのだ。無邪気に「どうデザインするか」だけを考えるわけにはいかない地域だったのである。金沢もまた全国の地方と同じく現実に即した建築の役割が求められている地域である。「3.11以後の建築」について、金沢での実践に照らし合わせながら考えてみたい。

本書は、金沢21世紀美術館で2014年11月1日より開催の「ジャパン・アーキテクツ 3.11以後の建築」展の関連書籍として発刊されました。

"Architecture since 3.11" exhibition statement

IGARASHI Taro

A large number of coastal villages were violently destroyed in the Great East Japan Earthquake, and the unprecedented nuclear accident produced a distressed area that even now is off limits. Previously, a disaster would lead to strengthened construction, enhanced fireproofing, and increases in earthquake resistance standards, but it should be noted that this time the architectural world has started to pay a great deal of attention to social connections. Of course, following the collapse of the bubble economy, during which garish postmodern architecture flourished, and amid the dwindling birth rate and aging population of Japanese society, this trend had already started to gradually appear, but it has now become readily apparent. Earthquakes have been raised as a problem that must be addressed. We cannot counter earthquakes and tsunamis merely by spending more money and making stronger hardware. We must pay serious consideration to the software approach to links between people, or connections between people and cities. Along with this, the role of the architect is changing from designing forms to designing relationships. The exhibition "Architecture since 3.11" is focused on such new activities.

Profile
Architectural historian, architecture critic
Born in Paris in 1967. Graduated from the University of Tokyo in 1992. PhD (Engineering). Currently professor at the Graduate School of Tohoku University. Steering Committee member of the Sendai School of Design. Artistic director of the Aichi Triennale 2013. Commissioner of the Japanese pavilion at the 11th International Venice Architecture Biennale. Awarded the New Face Award of Minister of Education for Fine Art at the Aichi Triennale 2013. Author of numerous books, including Critical Essays of Contemporary Architects (Kawade shobo shinsha, 2011), Reflections while Walking through a Disaster Area (Misuzu shobo, 2011), and 3.11/After (editor, LIXIL, 2012).

YAMAZAKI Ryo

During a time when there were insufficient houses and public facilities, it was unnecessary to constantly consider the question, "why are we building?" However, at a time when there are too many, this is troubling. The question becomes, "why are we building even though we have enough?" Particularly for areas in which empty houses and vacant plots continue to increase, we have no choice but to look for how to best use the power of architecture. That is the reason. We often see this being put into practice in interesting regional architecture. There are architects who engage with issues that until now were not considered to belong to the category of architecture. It may be said that these practices arise from thinking about "what to design" rather than "how to design." The Tohoku region is exactly such a place. Precisely because of this, it was necessary to put into practice a renewed consideration of "what to design." This is a region that cannot afford just to think naively about "how to design." Kanazawa is also an area in which one has to search for a realistic role for architecture, just like provincial areas across the entire country. We would like to consider "Architecture since 3.11" in light of practices in Kanazawa.

Profile
Community designer
Born in Aichi prefecture in 1973. Graduated from Osaka Prefectural University and the University of Tokyo. PhD (Engineering). After having worked for architectural and landscape design offices, established studio-L in 2005. Involved in village planning workshops, making comprehensive plans with the participation of residents, and park management with citizen participation, through community design in which local problems are resolved by the local inhabitants. Awarded several prizes, including the Good Design Award for, among others, the Ama Town Fourth Comprehensive Plan and the Kids Design Award for "Parent and Child Health Handbook." Author of several books, including Community Design (Gakugei shuppansha, 2011 / Fudosankyoukai Shou).

Chapter 1

みんなの家

「みんなの家」は、5人の建築家が結成した「帰心の会」が提唱したプロジェクトで、伊東豊雄、妹島和世、山本理顕が中心となって活動を進めています。自治体の復興計画とは別に、被災した人々が集まり、今後のまちの復興や自分たちのこれからの生活を築くための拠点として、各地につくられ続けています。これは震災後の"はじまりの建築"と言えます。この運動に共感し、世界各地の建築家、建築を志す学生、子どもらもスケッチを寄せています。実物としては、2011年10月に竣工した仙台市の「みんなの家」を皮切りに、これまでに被災各地につくられました。とくに陸前高田の「みんなの家」は、伊東、乾久美子、藤本壮介、平田晃久、写真家の畠山直哉が協働しながら実現したもので、「第13回ヴェネチア・ビエンナーレ国際建築展」ではその設計プロセスを展示し、日本館は最高賞にあたるパヴィリオン賞（金獅子賞）を獲得しました。（五十嵐太郎）

Chapter 1 | Home-for-All

"Home-for-All" is a project that was proposed by a group of five architects, "KISYN-no-kai", and ITO Toyo, SEJIMA Kazuyo, YAMAMOTO Riken play a central role in its realization. In addition to reconstruction plans by local government authorities, "Home-for-All"s are being made in various places as a base for the affected people to get together and to develop ideas for the reconstruction of towns and to sustain their own life in the future. This may be called the origin of architecture after the earthquake disaster. Sympathizing with this movement, architects from all over the world, students interested in architecture, and children all contributed sketches. Starting with the "Home-for-All" in Sendai, completed in October 2011, they have been built in various devastated areas. Notably, the "Home-for-All" in Rikuzentakata was implemented through collaboration between Ito, INUI Kumiko, FUJIMOTO Sou, HIRATA Akihisa, and the photographer HATAKEYAMA Naoya. The design process of it was exhibited in the Japan pavillion at the 13th Venice Biennale and received the Golden Lion award in the countries category. (IGARASHI Taro)

01

陸前高田「みんなの家」
伊東豊雄＋乾久美子＋藤本壮介＋平田晃久＋畠山直哉

ITO Toyo + INUI Kumiko + FUJIMOTO Sou +
HIRATA Akihisa + HATAKEYAMA Naoya

陸前高田「みんなの家」竣工の時　photo: 畠山直哉

photo: 佐藤洋彰

伊東豊雄
転機となった「みんなの家」と、これからの建築観を語る。

―― 聞き手 山崎亮

ITO Toyo: Talking about "Home-for-All" and subsequent architectural visions

東日本大震災後すぐに建築家ができる復興支援について考え、若手建築家に呼びかけて、仮設住宅地内に集会所を建てる活動を始めた伊東豊雄。「みんなの家」と名付けられたその集会所は、被災者にとってだけでなく、伊東自身にとっても大きな糧となり、同時に転機をもたらした。「みんなの家」の背後に生まれ育ったもの、それを通して見えたことについて、コミュニティデザイナーの山崎亮が聞いた。

仮設住宅より避難所のほうがいい

山崎 まずは「みんなの家」が生まれた経緯を教えていただけますか？

伊東 地震と津波でまちを破壊された自治体や住まいを失った人から掛かるはずの声が、建築家にまったく掛からず、復興計画から建築家が疎外されたことが始まりですね。声は掛からない、でも自分は何かしたい。そこで何ができるのか、それを確かめようと被災地に行ったら、仮設住宅のひどさに驚いたのです。物理的、機能的にひどいというより、考え方がひどい。その地域の暮らし方に全然合っていないのですから。避難所にいる被災者にインタビューしても、「あの仮設住宅よりここ（避難所）のほうがまだいい」なんて声が聞こえてくる。これはいかんと思

いました。

山崎 仮設住宅は、なぜそんなに不評だったのでしょう？

伊東 戦後、日本の都市住宅は、何LDKかという間取りの概念と、プライバシーの確保という2大基準によって規定されてきたのですが、それを仮設住宅にもそのまま持ち込んでいたことが主な原因ですね。都市住宅の延長で考えられた仮設住宅は、隣の人と気軽に話しもしにくい構造で、中に入ってしまうと閉じこもり型になってしまいます。それは、地縁の強い東北地方の暮らしには全然合っていないわけです。近所の人とおしゃべりもしにくい、中の様子も伺いにくい。被災者たちは不安で寂しくて、いたたまれない気持ちになってしまうのです。

山崎 なるほど。それで、その欠点を補完できる集会所を仮設住宅内につくろう、と？

伊東 まあそういうことなんですけど、実は他にもいろいろ提案したんですよ。でもどれも実現しなくて、結局実を結んだのは「みんなの家」だけだったというのが本当のところです。なぜこれだけが実現したかというと、自治体も「どうせ仮設のものだし、土地ぐらいは貸すから勝手にやれば」って感じであまり関与してこなかった。だからできたんです。大きな予算を付けないとできないものや、国や自治体がちゃんと監理しないといけない構造物や建築物は、提案しても何ひとつ実現しませんでした。

山崎 そうだったんですか？！

伊東 そう。復興計画自体がすこぶる近代主義的だから、ヒューマンな視点からの提案をしても、結局通らないんですよ。たとえば緑地公園を兼ねた防潮堤を提案したりしましたが、それも採用されませんでしたね。

語り手
ITO Toyo

photo: 佐藤洋彰

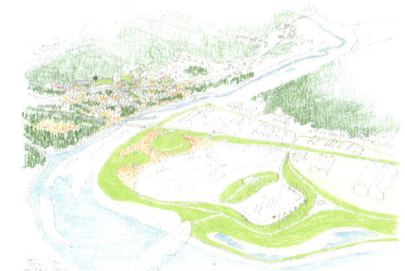

釜石鵜住居地区の、伊東による復興のイメージスケッチ

転機となった「みんなの家」

聞き手
YAMAZAKI
Ryo

photo: 佐藤洋彰

山崎　「みんなの家」は僕の知る限り11軒あり、今も数軒が建築中だそうですが、中でも5軒目の陸前高田の「みんなの家」は3人の若手建築家に呼び掛けて協業で設計するなどつくり方もユニークで、特に思い入れがおありのようですね？

伊藤　陸前高田は、「今こそ若い建築家にこれからの建築について問い直したい」と思って、日ごろよく考えていて議論できそうだと思った3人の若手建築家に声を掛けてみたのです。するとみんな快く応えてくれて、最初は1週間に1度打ち合わせをするような熱心さでしたし、模型も誰かがつくったのを次の人に渡して改良を加えるリレー方式でつくるなどオリジナルな工夫もずい分していました。でも、見ていると、当初は熱い気持ちだけが空回りしている感じで、なかなかうまくかみ合っていませんでしたね。

山崎　そうでしたか。でも、それがどうしてあのように世界的に評価される結果[※註1]に結び付いたのですか？

伊東　菅原みき子さんという現地の仮設住宅で暮らしている女性に出会い、その生活ぶりや気持ちを体感できるようになって一気に進みましたね。リアルな被災者であり建物の使い手である人の言葉や姿は、やはりものすごい力を持って迫ってくるんです。これには僕も驚き、考えさせられました。そして、使い手の言葉や気持ちを聞こう、そしてそれをかなえるべく建物をつくるべきだと思い始めました。菅原さんとの出会いとその後の展開は、僕自身にとってもすごい刺激であり、転機ともなりました。

山崎　そうですか、3人の若手建築家だけでなく、伊東さんにとっても転機になったのですね？

伊東　なりましたね。「建築家の衣を脱ぎ去って仕事をするということは、これほど喜ばれることなのか」と分かりましたから。

山崎　うわっ、伊東さんがそれを言いますか？

伊東　うん、だってここからまた新しい建築

※註1　陸前高田の「みんなの家」は、第13回ヴェネチア・ビエンナーレ国際建築展でその設計プロセスを展示し、日本館は国別参加部門の最優秀賞である、パヴィリオン賞（金獅子賞）を受賞。

陸前高田「みんなの家」は、菅原みき子さんが選んだ高台に建てられた　photo: 畠山直哉

陸前高田「みんなの家」の内部　photo: 畠山直哉

が芽生えると思ってますから。今は、まだ過渡期で、建築家としての表現欲と使い手にとっての使いやすさをどう整合させるかについて苦しんでいる部分もありますけど、ここにこれからの建築のひとつの方向性があることは確かだと思いますね。

山崎　つまり、「建築家はどっちを向いて仕事するべきか？」ということですよね。で、「みんなの家」は思い切り使い手の方を向いてつくってみた、と。

伊東　そう。そうしたら喜ばれましたね。今までにないほど（笑）。

建築家の枠でつくる普通の建物

山崎　しかし、一部からはずい分批判的な声もあがったんですよね？

伊東　「伊東が今までつくってきたものと全然脈絡がないじゃないか。お前の設計思想はいったいどこにあるんだ！！」みたいに言われたりもしましてね。そりゃ、今まで、建築家たる者、何があっても自分のオリジナリティーを追求して打ち出すべしと思ってやってきて、そのことを自分の作品を通してもしっかり主張してきた人間が、「どこをどう見ても普通に見える」という建物を打ち出したのですから、そういう批判もあって当然とは思いますね。でも実際に、現場の人はこういう普通の建物をとても気に入って、喜んで使ってくれるわけですよ。外から期待を持って見学に来た人は「なんだこりゃ？　あまりに普通過ぎるよ」という

ことになるけれど、使い手は「居心地が良くて、自然と足が向く集会所だね」と喜んでくれる。また、外の人が喜ぶ建築家作品的な建物を建てると取材や見学者が増えて広報的にはいいけれど、対応する現地の人はクタクタになるし、見学者が次々やって来て落ち着かない集会所には、肝心の地域の人は来なくなるという問題も起こる。この矛盾を、建築家としてどう捉え、どう解決するかは、実は、僕自身、現在進行形で迷っているところですね。

山崎 すごく良く分かります。建築家としての矜持も大事にしたいし、みんなに愛される建物もつくりたい。それは絶対に悩みますよね。

伊東 でも、実は、その答えは、すでに陸前高田の「みんなの家」に典型的に表れていると思っているんです。あの建物は、いわゆる建築家が普段につくる建築ではないのですが、「建築家の仕事」という枠組みにはこだわっていて、そのこだわりはちゃんと踏襲されている建築物なんですよ。

山崎 あ、それ分かります。陸前高田の「みんなの家」は一見普通に見えるけれど、決して単に普通なんじゃなくて、デザイン的にもとてもすぐれていますよね。たとえば写真に撮るととても美しいんですよ。なぜなら、ちゃんと見せどころが計算されているからです。やはり建築家がした仕事なんだと、分かる人には分かる建物です。

伊東 これからは、ああいう建築家と使い手の接点がある建築をつくりたい気がしているんですよね。建築物としてや作品としての表現や存在感はマイルドになるから、コンペに勝つのは難しくなるかもしれないけれど（笑）。

都市から地方へ、視点を移す

山崎 2年ほど前に伊東さんと対談した時に、事務所における年頭の所信表明で「脱近代建築5原則」※註2 を宣言したというお話をお聞きしましたが、これも先の話に関係してきますよね。

※註2　1.内外の境界線を曖昧にする　2.内外の中間に半外部空間を設ける　3.風の通り道をつくる　4.機能による分割をしない　5.自然素材を用いる

1. 仙台市の「みんなの家」竣工式後の芋煮会（2011年10月26日） 2. 仙台市の「みんなの家」に小学生が訪問 photo: 仙台市
3. 陸前高田「みんなの家」の設計を現地でプレゼンテーション（2012年2月26日）

伊東 そうですね。「脱近代建築5原則」は、住み手や使い手にとって心地よい建築をつくるための具体的なルールですからね。

山崎 5原則によっても伊東建築は変わりつつありますか？

伊東 ええ。木やレンガといった自然素材を用いたり、建物を外に開いて内外の境界線を曖昧にしたりという手法は特によく使うようになりました。エネルギーのこともよく考えるようになりましたね。今、岐阜に「メディアコスモス」という図書館を中核とした複合施設をつくっているのですが、それは地元の檜を使った木造の格子屋根にして、空気の流れを使って消費エネルギーを半分にするような設計にしています。図書館の本を外に出て読めるようにもするんです。

山崎 それはいかにも気持ち良さそうだなあ。「脱近代建築5原則」は、従来の伝統的な日本の構法と共通する要素も多く、そうするとかつてのように、地域の素材を使ったり、地域の工務店や職人さんが建物づくりに参加できる機会も増えるわけですよね。地方を応援する仕事をしている僕なんかにすれば、それこそまさに地に足が着いた地方活性化策であり、雇用促進策だと思えて、嬉しくなってしまいます。

伊東 僕も含めて、今まで建築家は都市ばかり見ていたと思うんです。でも僕は、日本の大都市ではもうあまり面白いことは起こらないのではないかと思っているんです。東京オリンピックなんかで一時的に盛り上がることはあるかもしれないけれど、恒常的に往時の勢いが戻って来るとは思えないし。そんな中でもやっぱり自分は大都市型の派手な建築をしたいと言うのなら、日本を離れて発展中のアジアや中近東へ行か

ないと駄目なんじゃないかな。反対に、日本で建築をやりたいと言うのなら、今までとは視点を変えないと、長くはやって行けないだろうと思いますね。その視点のひとつが「地方の建築」で、僕はここに着目しています。「これから地方で建築がどうあるべきか」を考えたいと思っている昨今なんです。

新コミュニティアーキテクツの時代

山崎　「みんなの家」の他に、そのように伊東さんが地方に着目するきっかけとなったものは何ですか？

伊東　2011年7月に瀬戸内海の大三島に「今治市伊東豊雄建築ミュージアム」ができ、そこで「伊東建築塾」※註3の合宿や講座を開くようになったことが大きいかもしれません。決して交通アクセスがいいとは言えないこの島に、全国から建築塾の参加者が来るんですよね。で、次第に空き家を改修するプロジェクトが始まったり、移住する若者が出てきたりして、勝手にどんどん面白い展開になって行くんです。そういうのを見ていると、地方の可能性やポテンシャルをすごく感じるし、地方に焦点を当てたら面白いだろうなと実感するようになりました。

山崎　世界を目指すばかりが建築家の生き方じゃない、と。

伊東　そう。震災後3年間、いろいろ考えた

※註3　2011年東日本大震災の前日に、これからの時代や社会に要請される若く優れた建築家を育成するために開設された伊東の私塾。

瀬戸内海に浮かぶ大三島にある「今治市伊東豊雄建築ミュージアム」photo: 阿野太一

Chapter 1　みんなの家　029

んですよね。で、アドバルーンを上げなくても、地域の人と新しい関わりをつくりながら地道にやっていくという方法は、これからの建築家にとって十分ありだろうと思いました。それどころか、地方からポンと次の主流となる建築家が出てくる可能性は高いとも思い始めました。

山崎　僕もそう思います。今までは地方から東京や世界を目指していたんだけれど、これからは大都市から地方を目指す建築家が出てくるんじゃないかって。「地方で楽しそうにやっているあなたのそのやり方がすごく羨ましい、自分もそういう風にやってみたい」って言われるような。僕が関わっている愛媛県の今治市にもそういう建築家がひとりいますよ。でも、言われた本人はきょとんとしているんですけどね。「いやいや、俺はそっちに行こうと思って頑張ってるんだよ。なのに、何でそっちが俺を目指すの？」って（笑）。

伊東　僕もその人、知っている。あの人、大化けするかもね（笑）。

山崎　ですよね。新しい意味でのコミュニティアーキテクトの到来を予感させますよね。ところで、伊東さんは、こんなカオスな時代に乗り出していく若い建築家に言いたいことや伝えたいことはありますか。

伊東　若い建築家に対してというより、大学に対してあるなあ。大学はもっとこれからの時代を見据えた建築家教育をしないと、「相変わらずの卒業設計」やってるようでは駄目ですよね。でもまあ、大学はそう簡単には変わらないだろうから、いっそ自分の建築塾でそれをやろうかと考えているんですけどね。

山崎　こうして伊東さんから次々に出てくるお話を聞いていると、震災やそれに続く「みんなの家」は、伊東さんにもずい分様々な課題や変化を与えてくれたようですね。

伊東　ええ。そして今また、仮設の建築物をどうするかという時期に来ていて、いろいろな課題を運んでくれていますよ。陸前高田の「みんなの家」も、かさ上げ工事で下3分の1ぐらいが埋まってしまうことになり、どうしようかと。他にもそういうことを考えなくてはいけない仮設建築物がたくさんあって、移設するにも維持管理するためにも資金

や支援が要るから、そのために「HOME – FOR – ALL」というNPO法人を山本理顕さんや妹島和世さんたちと一緒につくり、今月（2014年9月）から活動を始めているんです。ぜひ世界中から会員と寄付を集めたいと思っています。

山崎　それはすごい。早速、僕も寄付させていただきますね。今日は貴重なお話が聞けて、とても勉強になり、また幸せでした。どうもありがとうございました。

（2014年9月16日　伊東豊雄建築設計事務所にて収録）

photo: 佐藤洋彰

Profile

伊東豊雄（いとう とよお）
1941年生まれ。65年東京大学工学部建築学科卒業。主な作品に〈せんだいメディアテーク〉、〈多摩美術大学図書館（八王子）〉、〈台湾大学社会科学部棟〉など。現在、〈みんなの森 ぎふメディアコスモス〉、〈台中国立歌劇院〉などが進行中。日本建築学会賞作品賞、ヴェネチア・ビエンナーレ金獅子賞、王立英国建築家協会（RIBA）ロイヤルゴールドメダル、プリツカー建築賞など受賞。東日本大震災後、被災地の住民の憩いの場として提案した「みんなの家」は、2014年9月までに11軒完成、現在も数件が進行中。2011年に私塾「伊東建築塾」を設立。これからのまちや建築のあり方を考える場として様々な活動を行っている。

ITO Toyo
Born in 1941. Graduated from the Department of Architecture, Faculty of Engineering, University of Tokyo in 1965. Ito's major works include Sendai Mediatheque, Tama Art University Library (Hachioji Campus) and National Taiwan University, College of Social Sciences. His current projects include Minna no Mori Gifu Media Cosmos and National Taichung Theater. He has received numerous awards including the Architecture Institute of Japan Award, Golden Lion at the Venice Biennale, Royal Gold Medal from the Royal Institute of British Architects and the Pritzker Architecture Prize.
He has been energetically dedicated to reconstruction activity after the Great East Japan Earthquake. He initiated the project, "Home-for-All", which is a communal hut for people who are affected by tsunami, to gather and communicate with each other. Eleven Home-for-All has been completed by September 2014 and a few more are ongoing. In 2011, Ito established a small private architectural school "ITO JUKU" (Initiative for Tomorrow's Opportunities in Architecture), which organizes various activities which encourage participants to consider the future of cities and architecture.

Chapter 2

災害後に活動する

災害大国の日本では、建築やインフラを強化する対策に取り組んできました。しかし、阪神淡路大震災の後、仮設住宅における孤独死が問題となり、コミュニティのあり方にも注目が向けられるようになりました。東日本大震災では、関東を含む広域のエリアで、津波、地震、原発事故の被害が起き、東京在住の建築家も当事者意識を持ちました。その結果、過去の災害に比べても、早い段階で東北以外から多くの建築家が現地に入り、コミュニティの問題に取り組んだことが特徴的です。もちろん、初動では阪神淡路大震災の経験も生かされています。3.11直後に結成された「アーキエイド」は、日本各地の若手の建築家や研究者によるネットワーク型の支援活動の代表と言えるでしょう。本書に論考を寄稿している東北大学の小野田泰明もアーキエイドのメンバーであり、震災後、宮城県や岩手県の自治体の復興アドバイザーを務め、建築計画学者として行政と建築家を繋ぐ重要な役割を担っています。福島県南会津の「はりゅうウッドスタジオ」は、被災地の建築家ならではの独自の視点を持っています。また「日建設計」の「逃げ地図」は、住民参加のワークショップとシミュレーションの技術とを融合してつくられるもので、事前の防災意識の醸成や今後のまちづくりに有効な手法です。そして坂 茂は、日本の震災のみならず、海外の被災地でも活動するグローバルな建築家です。(五十嵐太郎)

Chapter 2 | To get going after the disaster

Japan is known as a disaster country. When earthquakes struck in the past, the architectural community addressed topics such as earthquake and fire resistance, or countermeasures against ground liquefaction. However, after the Great Hanshin-Awaji Earthquake (Kobe earthquake of 1995), due to the problem of people of dying solitary deaths in temporary housing, the task was no longer merely the provision of housing, so attention was also paid to the modalities of community. In the Great East Japan earthquake (Tohoku earthquake of 2011), a wide area that encompassed the Kanto region was afflicted by damage due to a tsunami, earthquake, and nuclear power-plant accident, and architects residing in Tokyo also felt a strong sense of obligation. As a result, in comparison to past disasters, this one is characterized by many architects from outside Tohoku entering the affected areas at an early stage, and becoming involved with community problems. Of course, initially they also drew on their experiences from the Great Hanshin-Awaji Earthquake. Formed immediately after 3.11, ArchiAid is an exemplar of support activities, comprising a network of young architects and researchers from all over Japan. ONODA Yasuaki of Tohoku University, who has contributed a study to this book, is also a member of ArchiAid. After the earthquake he became a reconstruction advisor for municipalities in Miyagi and Iwate prefectures, and as a scholar of urban planning he plays an important role in connecting architects and the administration. Haryu Wood Studio has a unique point of view, as an architect from the disaster area. Furthermore, Nikken Sekkei's evacuation map was made through workshops that combined citizen participation and simulation technology, and is an effective technique for disaster prevention awareness and future urban planning. Finally, BAN Shigeru is a global architect who has been active not only for Japan's earthquake disasters but also at overseas disaster locations. (IGARASHI Taro)

坂 茂
BAN Shigeru

Review

　坂 茂は、アメリカで合理性を重視する設計手法を学び、最初から海外を視野に入れて活動を展開した建築家である。うねる集成材と膜材の屋根を持つポンピドゥーセンター・メス、スイスの木造ビル、紙管を活用した仮設建物など、軽くて明るいユニークな構造が特徴だ。一方、1995年の阪神淡路大震災の他、ルワンダの内戦、中国の四川大地震、アメリカのハリケーン「カトリーナ」など、世界各地の災害現場に駆けつけ、被災者や難民を支援している。社会性のある仮設建築と、構法や素材の開発を接続しながら、実験的な取り組みを継続し、2014年にプリツカー賞を受賞した。3.11後の初動も早く、各地の避難所でプライバシーを確保する間仕切りを設置し、宮城県女川町ではコンテナを積層させた仮設住宅を手がけ、その後、女川駅の設計者に選ばれた。2011年はニュージーランドの震災が起きた年でもある。クライストチャーチ大聖堂が被災し、紙管とコンテナを用いた仮設のカテドラルを実現させている。最近はフィリピンの台風被害の現地に入り、紙のログハウスを建て、仮設教会にも取り組む他、2014年8月の広島土砂災害の直後、避難所で簡易間仕切りを設置した。（五十嵐太郎）

BAN Shigeru studied rational design methods in the US, and from the outset has been an architect with an international outlook. His unique structures are characterized by being light, bright, and using paper tubes, such as the Centre Pompidou-Metz, which has an undulating laminated timber and membrane roof, the Tamedia office building in Zurich which has a wooden structure, and temporary building which use paper tubes. On the other hand, he rushes to various places around the world to support refugees and victims of disasters, such as the 1995 Kobe earthquake, the Rwanda genocide, the Sichuan earthquake in China, and Hurricane Katrina in the US. He continues to make practical experiments related to the development of construction methods and materials, as well as socially concerned temporary architecture, and won the Pritzker Prize in 2014. Soon after 3.11 he installed privacy screens in the various emergency evacuation areas, and in Onagawa he became engaged in temporary housing made from stacked shipping containers, and was later chosen as the designer for Onagawa Station. An earthquake also struck New Zealand in 2011, destroying the Christchurch Cathedral, and BAN implemented a temporary cathedral using paper tubes and containers. Recently, he has also been involved in building log houses made from paper, and temporary churches for the victims of the typhoon that struck the Philippines. (IGARASHI Taro)

モニュメントとしての災害支援

Disaster relief as monuments

紙のカテドラル(クライストチャーチ)
Christchurch Cardboard Cathedral
©Stephen Goodenough

Chapter 2　災害後に活動する

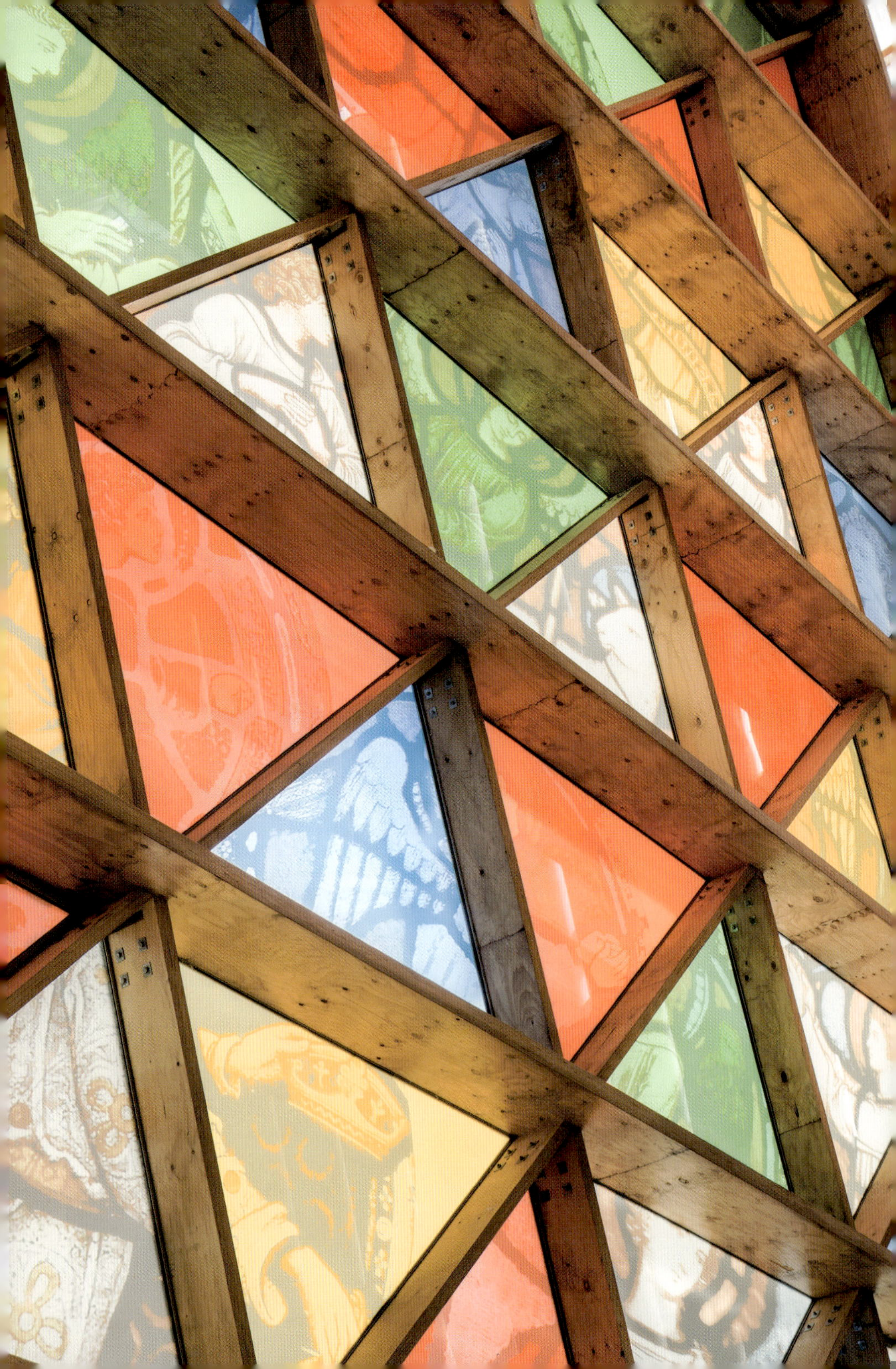

紙のカテドラル(クライストチャーチ)
Christchurch Cardboard Cathedral
©Stephen Goodenough

建築家は誰のためにあるか

やっと「建築家」としての自覚が持て始めた頃「なんだ、われわれ建築家はあまり社会の役に立っていないじゃないか！」とがっかりした。なぜなら、われわれはほとんど特権階級のクライアントの仕事をしているからである。歴史的にも貴族の館や宗教建築を建て、現代では富裕層の家や企業の本社、そして公共建築を設計している。つまり、財力や政治力・権力という目に見えない力を世間に見せつけるためのモニュメントをわれわれ建築家はつくっている。建築家は、一部の公団アパートを除いて一般民衆のためや、自然災害で家を失った人たちのための仮設住宅を設計してこなかった。彼らには建築家を雇う余裕もなければ、国は仮設住宅に住み心地のよさなど求めていないし、われわれも特権階級の仕事で大忙しだからである。「自然災害」は、今や「人為的災害」と言うべきであろう。たとえば、地震自体で人は死なない。人は建物が倒壊して死ぬのである。つまり、それはわれわれ建築家の責任でもあるのである。ところが、われわれは地震による街の壊滅により生まれる新しい仕事を楽しみにしても、仮設住宅の建設のお手伝いはしてこなかった。しかしわれわれ建築家が加わることにより、もっと住み心地のよい仮設住宅はつくれるのではないだろうか。

クライストチャーチからのメール

今回のニュージーランド・クライストチャーチの仮設大聖堂の依頼は、2011年5月東日本大震災後の避難所の家族間のプライバシーを確保するための間仕切りづくりのボランティアで大忙しだった頃、突然教会からのメールで届いた。2011年2月22日に発生したクライストチャーチの大地震のニュースは、多くの日本人語学留学生が亡くなったこともあり、われわれ日本人の大きな関心事であったが、その18日後、3月11日の東日本大震災が起こってからはまったくニュース紙面からも、遺族の方々以外の頭からは忘れ去られたと言ってよいであろう。

最初にもらったメールはクレッグ・ディクソン牧師から、「ニュージー

ランドのデザイン誌で神戸の『紙の教会』の記事を見たのだが、クライストチャーチの地震で倒壊した大聖堂を神戸のように仮設再建するためにはデザイン料はいくらかかりますか？」という質問であった。そこで、「もし仮設大聖堂が教会のセレモニーだけでなく、公共的な使用をされ、広く市民のための場となるのであれば、設計料はいただきません」とすぐに返事をした。するとできるだけ早くクライストチャーチを訪問してほしいと返信があり、2週間後、東北のボランティア活動の合間に現地を訪問した。

　クライストチャーチ市中心部は、危険地帯として閉鎖され、われわれは特別な許可を取り消防団員に伴われて中に入り、倒壊した大聖堂を訪れた。この大聖堂は、ネオ・ゴシック様式の石造建築で、工事中3回地震に見舞われ、1904年に完成したニュージーランドを代表する観光名所であった。しかし、余震によりステンドガラスの正面ローズウィンドーも含め、修復再建不可能な状態にまで倒壊し、震災後の巨大な鉄骨補強により辛うじて形を留めていた。しかしながら、正三角形の屋根の強いフォームにより形成されていた象徴的なファサードは感じ取ることができた。そこで、仮設大聖堂は、素材的にも形態的にも旧大聖堂とはまったく違ったものになるが、元の建築の平・立面計画を分析し、そこに使われているジオメトリーを新しい設計に使うことにより、建築的体験を広場に対して、そして町に対してのモニュメンタルな存在感を踏襲させる手法を取ることとした。

復興のシンボルとしてのモニュメント的建築

敷地は市中心の危険地帯の外で、教会の所有する土地、民間の土地、そして市が所有する公園の池の中まで様々な土地が次々に候補に挙がり二転三転を繰り返した。最終的には震災1周年の市のセレモニーが催されたラティマー・スクエアの正面で、偶然にも28人の日本人留学生が犠牲になったCTVビルの斜め前の教会関係の敷地に落ち着いた。構造・素材としては、教会側の当初からの要望もあり、紙管を想定していたが、幸

運にも紙管工場がクライストチャーチにあることが分かった。紙管を使い、教会が要望する規模700席を満たす構造を短期間でローコストに建設する構法として、壁がそのまま屋根になる「A」型のフレーム（以下、Aフレーム）を紙管で構成することにした。そしてAフレームは、旧大聖堂の正面にあった正三角形と裏面の33度の二等辺三角形を形づくるのにもちょうどいい。平面的には、旧大聖堂にあった聖壇に向かって細る台形平面を下敷に、紙管の基礎となる準備室や小チャペルの聖壇が入る20フィート・コンテナを並べ、同じ長さ16.6mの紙管のAフレームの角度を60度から33度へ狭めることにより、高さを19.4mから22.7mと徐々に高くし、聖壇に向かって空間的高揚感をつくり出した。

　当初は、長さ16.6m、直径88cm、厚み15mmの紙管を使い、紙管自体を構造として計画したが、ニュージーランドの紙管工場ではこのような紙管が製造できないことが分かった。しかし輸入までして構造的な純粋性を守ることより、紙管を継いで、内に集成材を入れ、構造を妥協してでも、地元で手に入る材料を使うことにプライオリティを置いた。196本の紙管は15cmの透き間を開けて配置され、屋根材の複層ポリカーボネート板から入る自然光と紙管によりつくられる陰の移り変わりとそれによる空間の質の変化を時間帯や季節によっても感じられるように計画した。

　正三角形のファサードは重要な耐力壁であるが、それ全体を2.3mの小さい三角形に分割し、旧大聖堂の破壊されたローズウィンドーのモチーフを再構成した「三角形のローズウィンドー」とした。

　完成は、敷地の確定の遅れと悪天候による工事の遅延により、2013年7月末となった。しかしながら、震災後完成する最初の公共的建築として、また紙という素材のユニークさからニュージーランド中で、工事中から大きな話題となり、「Cardboard Cathedral（紙の大聖堂）」という愛称で呼ばれ、クライストチャーチ復興のシンボル的存在と完成前から自然となっていった。完成後、教会のセレモニーやコンサート、ディナーパーティーなどさまざまな市民のイベントに使われ、復興のシンボ

紙のカテドラル（クライストチャーチ）
Christchurch Cardboard Cathedral
©Stephen Goodenough

紙のカテドラル（クライストチャーチ）
Christchurch Cardboard Cathedral
©Stephen Goodenough

ルから町の新しい「モニュメント」として観光の名所となっている。

　私自身も、特権階級のモニュメントをつくっているが、建築家の伝統的職能に対しての違和感から、災害支援のボランティア活動、仮設建築づくりを始めた。しかし、いつの間にか災害支援としても、特権階級のためでない市民に愛される「モニュメント」をつくることができたのではないかと実感し始めた。

(TEXT：坂　茂／『新建築』2013年12月号より転載)
※表記方法は、上記掲載文に準じています。

Profile

坂　茂(ばん しげる)
1957年東京都生まれ。クーパー・ユニオン建築学部を卒業。82年、磯崎新アトリエに勤務。85年、坂茂建築設計を設立。95年から国連難民高等弁務官事務所(UNHCR)コンサルタント、同時に災害支援活動団体 ボランタリー・アーキテクツ・ネットワーク(VAN)設立。主な作品に〈カーテンウォールの家〉、〈ハノーバー国際博覧会日本館〉、〈ニコラス・G・ハイエック・センター〉、〈ポンピドゥーセンター・メス〉などがある。これまでに、フランス建築アカデミー ゴールドメダル(2004)、アーノルド・W・ブルーナー記念賞建築部門世界建築賞(2005)、日本建築学会賞作品部門(2009)、ミュンヘン工科大学 名誉博士号(2009)、フランス国家功労勲章オフィシエ(2010)、オーギュスト・ペレ賞(2011)、芸術選奨文化部科学大臣賞(2012)、フランス芸術文化勲章コマンドゥール(2014)、プリツカー建築賞(2014)など数々の賞を受賞。

BAN Shigeru
Born in Tokyo in 1957. Graduated from the Cooper Union School of Art. Started working for Arata Isozaki & Associates in 1982. Established Shigeru Ban Architects in 1985. Became consultant to the United Nations High Commissioner for Refugees (UNHCR) in 1995, and established Voluntary Architects' Network (VAN), a disaster support action group. Main works include Curtain Wall House, Japan Pavilion at the Hannover Expo, Nicolas G. Hayek Center, and Centre Pompidou-Metz. Recipient of multiple awards, including Grande Médaille d'or de l'Académie d'architecture (2004), Arnold W. Brunner Memorial Prize in Architecture (2005), Grand Prize of AIJ (2009), Honorary Doctorate from Technische Universität München (2009), L'Ordre des Arts et des Lettres, France (le grade d'officier) (2010), Auguste Perret Prize (2011), Art Prize from the Japanese Agency for Cultural Affairs (2012), and L'Ordre des Arts et des Lettres, France (le grade de commandeur) (2014), Pritzker Architecture Prize (2014).

東日本大震災における建築家による復興支援ネットワーク［アーキエイド］

Review

東日本大震災の後、建築系の多くの団体が支援プロジェクトを開始した。中でも東北の建築教育の関係者を含む、主に1960〜70年代生まれの建築家によるネットワークは、最初期に立ち上がった組織である。メールのやり取りを契機に、2011年3月中旬にはその原形ができ、4月11日にはウェブサイト「archiaid.org」を開設した。国内外からの寄附をもとに、復興計画から記憶の保存まで、様々な活動を展開しているのだが、特徴的なのは、沿岸部の浜に点在する集落に手を差し伸べていることだろう。津波の被害があまりにも広範囲にわたることから、注目が集まり、大きな資本が投下されやすい都市に対して、小さなコミュニティは見落とされがちである。そうした現場に建築家や研究室の学生が出向き、リサーチやワークショップを通じて、住民の声を拾い上げ、ていねいに個別の解決策を提案していく。ここでは建築家の持つ場所や環境の読み取り能力が生かされている。また単なる復旧ではなく、今後の産業の創出へのヴィジョンも視野に入れている。
（五十嵐太郎）

After the Great East Japan Earthquake, many architecture-related organizations initiated aid projects. Among them is an organization set up at the very beginning that comprises a network of architects, most of whom were born in the 1960s and 1970s, including people involved with architectural education in Tohoku. Taking advantage of email correspondence, its original form took shape in mid-March 2011, then on April 11 the website www.archiaid.org was established. With domestic and international donations, ArchiAid has developed various activities, from reconstruction projects to the preservation of mementos, and is probably characterized by the help it gives to the villages that dot the beaches of the coastal area. In contrast to cities which can easily invest large capital and which attract attention because the tsunami damage extends over a very large area, small communities tend to be overlooked. Architects and of research students departed for such sites, and through research and workshops they learned the feelings among the inhabitants on the street, and carefully proposed individualized reconstruction schemes. Here the architects' abilities to interpret place and environment are put to best use. Moreover, this is not just reconstruction, but also presents a vision toward future industrial construction. (IGARASHI Taro)

建築家の自律的分散型アプローチによる復興支援活動とネットワークの構築

A multifaceted reconstruction assistance network constructed and managed by architects

2011年7月、宮城県・牡鹿半島と宮戸島での4泊5日のサマーキャンプ「半島"へ"出よ」

2012年8月、牡鹿半島鮎川浜にて、住民からのヒアリング風景

2013年4月、「牡鹿半島の未来をえがこうOPEN LAB.」の様子

Chapter 2　災害後に活動する　045

アーキエイドとは何か

東日本大震災における建築家による復興支援ネットワーク［アーキエイド］は、三陸沿岸500kmという広大な被災地に点在し、孤立した活動になりがちな建築家の復興支援活動を結ぶネットワークである。発災から間もなくして、「せんだいデザインリーグアドバイザリーボード」の阿部仁史ら12名の発起人の呼び掛けにより集まった建築家たちは、"建築家に何ができるか"を議論した。そして①地域支援プラットフォームの構築、②人材育成・教育、③情報共有・啓発の3本の活動を軸とし、しまう、交換する、価値付けるという3つのアクションにより互いの知識を共有し、個々の小さな努力をより大きな活動へと結び付けることを試みた。この活動主旨は、多くの建築家やクリエイターに賛同され、2014年8月現在、314名の賛同者によりネットワーク化されている。建築家たちは、このネットワークにより知識と復興戦略を共有しながら、被災各地に寄り添い、草の根的活動を続けている。

コミュニティの維持・再生

メディアに多く取り上げられていたのは、女川、陸前高田、気仙沼といった三陸沿岸に位置する主要なまちである。しかし、三陸沿岸にはリアス式特有の入江単位に存在する"浜"という集落が無数に点在し、数的にも圧倒的に多い。これらの多くは漁村集落であり、東北産業の要である水産業を支える最も小さく最も大きな存在である。同じ地形、同じ地域性に見える"浜"だが、近くに寄り添うと、時間をかけて培われてきた強靭なコミュニティの上に築かれた独自の地域性があり、また抱える問題も様々である。ゆえに、トップダウン型の一律的なテンプレートによる対処療法ではなく、一つひとつの地域とていねいに向き合ったボトムアップ型の対応が必要とされていた。

　そのニーズに対応した一例が、2011年7月に牡鹿半島と宮戸島で展開された4泊5日のサマーキャンプ「半島"へ"出よ」である。アーキエイドのネットワークで呼び掛けられ集まった15大学の建築家と学生111

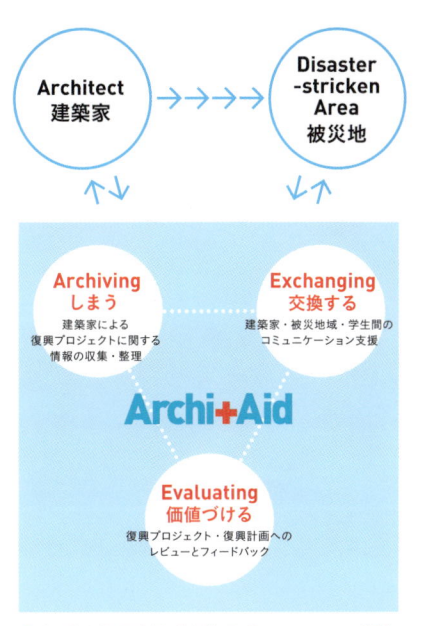

集落の住民と高台移転地の調査を行う様子

半島支援勉強会にて、高台移転案についての議論の様子

①多面的な復興支援・地域復興プラットフォームの構築、②被災地の建築教育の再建／実践的復興教育サービスの開発、③震災知識の集積と啓蒙の活動目標に向け、上の3つのアクションを行う

名は、調査隊を組み、30余りある漁村集落一つひとつの被災状況と地域性をていねいにリサーチした。フィールドワークや、大きな模型、地図、図面を活用したヒアリングは、住民の生の声を引き出し、複雑な浜の状況を短期間にまとめあげ、石巻市の復興計画の下図へと繋がっている。その後この活動は、高台移転、低平地（津波浸水域）の利活用といった、生活基盤・コミュニティ維持再生の核となる部分において、住民のパートナー、また専門家としての中立的な立場としての活動に繋がり、継続している。

住まいを再建する

コミュニティの再建に向けて重要な鍵となるのが、住まいの再建である。住民へのヒアリングの際に、自力再建住宅の経済負担が人口流出を促す要因になっているとの訴えがあった。復興において、家の新築コストはコミュニティ維持のコストでもあり、その負担に耐えられないことは地域コミュニティの崩壊に繋がる。そこ

Chapter 2　災害後に活動する　047

「コアハウス」の考え方を取り入れた福島県南相馬市小高区「塚原公会堂」落成式

ドイツ・ベルリンのアエデスギャラリーで行った展覧会
photo: Erik Jan Ouwerk

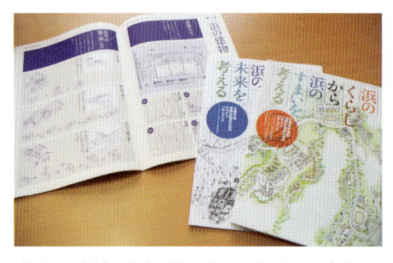

現地での支援や調査活動で住民の方に伺った内容をもとに、復興計画に取り入れたらよいと思われる浜らしい風景を集めた冊子、「牡鹿半島復興計画のためのデザインパタンブック／浜のくらしから浜の未来を考える」

　で導入されたのが、初期投資を抑え"小さく建ててだんだん建て増す"「コアハウス」の考え方である。インドネシアの復興で発案されたこの考え方は、ネットワークを通じて建築家に共有され、ヒアリングと調査で得た漁師住宅の典型から地域性を反映させ、2012年、牡鹿半島・桃浦に建設されたモデルハウスを通じて住民に提案されている。被災地において住宅再建のフェーズはこれからである。コアハウスのみならず災害復興公営住宅等においても、建築家たちは単に建築するのではなく、家づくりを通じて、地域の風景や住まい方、産業へとアプローチし、都市と漁村、過去と未来を繋ぐ大きな希望を持った試みを行っている。その精神は住民の意識の中で少しずつ育まれ、復興した集落の中に息づいていくだろう。

公共施設から考える

　住まいと同様に、公共施設もまた、地域の復興に欠かせない。住民の生活を支える公共施設において、地域のニーズをていねいに読み解き、質の高い公共施設をどう整備するか、

七が浜中学校プロポーザル2次審査　　　七ヶ浜中学校完成時の様子
(公開プロポーザル)の様子　　　　　　　(画像提供:乾久美子建築設計事務所)

中学校の再建では、53作品の中から、自主的な学びを展開させるリトルスペースを提案した乾久美子氏が設計者に選ばれた。復興拠点としての位置付けやていねいなプランニングにより、地域の体育館などの公共施設と連携し、防災やコミュニティ機能を取り込むことができている。また、職員へのフィードバックを何度も行い、運営者が自分たちのものとして使い続けられるような配慮がなされた

　公共施設からも地域の復興を考える必要がある。しかし、被災自治体では、恒常的にマンパワーが不足している中、量とスピードに対する厳しい要求が課され、将来像を見据えた処置はどうしても後回しになりがちである。こうした状況下で応急的な処置になりやすい公共施設再建への打開策が必要とされていた。

　七ヶ浜町で行われた復興プロポーザル支援では、建築家が自治体支援に徹することで手間のかかるプロポーザルの実施を可能とし、審査員として質の高い公共施設の実現を試みた。こうした試みにより七ヶ浜町では、復興の初期段階から質の高い設計者が携わるプロポーザルの仕組みが定着し、復興への希望を繋ぐ公共施設が実現しようとしている(上の写真と解説)。

産業を創出する

　こうして建築家としての職能を発揮して住民と復興に向けて歩む中で、必ず直面する課題が地域産業の復興である。震災以前よりすでに弱体化していた産業を震災前の姿に戻すだけでなく、新たに創出し、未来に繋ぐ必要がある。漁業の6次化や体験型漁業や観光など、住民主体で多くの取り組みがなされる中に、地域に寄り添う建築家の姿が見えることがしばしばある。

　牡鹿半島では、少子高齢化による人口減少とそれに伴う漁師の後継

2013年8月21日〜23日、宮城県石巻市牡鹿半島にて開催された「第1回 浜の学校 牡鹿漁師学校」でのかき漁実習の様子

牡鹿半島・桃浦での小学生の課外授業の様子

者不足を打開すべく、外部から後継者を募る「牡鹿漁師学校」が開校されている。雄勝半島では、豊富な海の幸を活用して、"食"を中心とした各浜のネットワークを築き、浜での生活そのものをエコミュージアムとして見せ、地場産業化しようとする「雄勝生活研究所」が始動している。また、南三陸町では、津波によりダメージを受けた農林業の土地に漆を植え育て、漆を活用した商品や物産の開発を目指す「ながしずうるしプロジェクト」が始まった。このように建築家の活動は柔軟で、時には建築家という職能の定義を超えた活動へと拡がっている。

記憶を継承する

復興におけるヒアリングや調査の中で、そこで培われてきたなりわいや文化に大きな魅力があったことに気付くことが多い。震災の記憶を後世に語り継ぐことはもちろん重要だが、災害そのものを記憶対象とした限定的なものになりがちだったように思う。

震災前のまちや人の記憶にアプローチした活動のひとつに「失われた街模型復元プロジェクト」がある。被災以前のまちを白い模型で再

住民の方々からヒアリングした「記憶の旗」がプロットされた模型 photo: 太田拓実

現し、模型を囲みながらそこに住んでいた人々からまちの思い出をヒアリングする。それらは「記憶の旗」としてプロットされる。まちの記憶をオーラルヒストリーとして収集し、震災の記憶と共に地域の文化を次世代へ伝えていくことを実践したプログラムである。その他にも残存民家から過去の知恵を学び、未来に生かすなど、過去を未来へと結ぶアクションが行われている。

建築家と社会の関わり方

地域に分散して自律的に活動する建築家たちのバラエティに富んだゲリラ的で小さな復興行為は、地域の特性や特定のニーズが軽視され画一的になりがちなトップダウンで行われる大規模な復興に対する新たな戦略の可能性を示している。

自律的分散型アプローチを続ける建築家たちを結ぶ復興支援ネットワークである［アーキエイド］は、地域再建に向けた有効な方法であり、コミュニティに寄り添いながらも、地方政府に対してある時は手強い抵抗者、ある時は第三者的な忠告者、ある時は信頼で結ばれた同志として新たな建築家の社会への関わりのかたちを提示していると言えるだろう。（TEXT：アーキエイド事務局）

Profile

東日本大震災における建築家による復興支援ネットワーク［アーキエイド］

発災直後、阿部仁史／五十嵐太郎／石田壽一／小野田泰明／櫻井一弥／竹内昌義／中田千彦／馬場正尊／福屋粧子／堀口徹／本江正茂／厳爽が発起人となり設立。2011年9月、（一般社団法人）アーキエイド設立、専任スタッフを置き安定した運営体制を確立。現在、阿部仁史／五十嵐太郎／貝島桃代／門脇耕三／城戸崎和佐／小嶋一浩／末廣香織／鈴木明／曽我部昌史／竹内昌義／千葉学／塚本由晴／槻橋修／陶器浩一／中田千彦／福屋粧子／藤村龍至／堀井義博／堀口徹／本江正茂／山崎亮／山梨知彦／渡辺真理が実行委員となり活動を継続。また賛同者は314名、国内外からの寄附・助成金は約6000万円にのぼり、こうしたご厚志を活動基盤とし支援を継続中。

ArchiAid-Relief and Recovery by Architects for Tohoku Earthquake and Tsunami

Founded by ABE Hitoshi, IGARASHI Taro, ISHIDA Toshikazu, ONODA Yasuaki, SAKURAI Kazuya, TAKEUCHI Masayoshi, NAKATA Senhiko, BABA Masataka, FUKUYA Shoko, HORIGUCHI Toru, MOTOE Masashige, and SHUANG Yan immediately following the disaster. In September 2011, General Incorporated Association ArchiAid was established and an operating structure with a permanent full-time staff was set up. Currently, activities continue under executive committee members ABE Hitoshi, IGARASH Taro, KAIJIMA Momoyo, KADOWAKI Kozo, KIDOSAKI Nagisa, KOJIMA Kazuhiro, SUEHIRO Kaoru, SUZUKI Akira, SOGABE Masashi, TAKEUCHI Masayoshi, CHIBA Manabu, TSUKAMOTO Yoshiharu, TSUKIHASHI Osamu, TOKI Hirokazu, NAKATA Senhiko, FUKUYA Shoko, FUJIMURA Ryuji, HORII Yoshihiro, HORIGUCHI Toru, MOTOE Masashige, YAMAZAKI Ryo, YAMANASHI Tomohiko, and WATANABE Makoto. There are 314 sponsors, domestic and international donations and grant funding have reached 60 million yen, and this ongoing generosity is the basis for their activities.

はりゅうウッドスタジオ

Haryu Wood Studio

Review

「はりゅうウッドスタジオ」は、豪雪地帯である福島県南会津の山奥に事務所を構え、隣接する製材所と連携して設計を行ってきた。東日本大震災の後は、福島の各地にログ材による木造の仮設住宅を数多く手掛けた他、難波和彦と共同して構法の実験を伴う集会所を釜石市に建設したり、原発事故の避難者に対して、二地域居住による段階的な避難のプログラムを、日本大学工学部の浦部智義研究室と提案している。注目すべきは、東北に拠点を置く地元の建築家が、精力的かつ多面的に活動していることだろう。震災後のこうした一連の試みから、縦ログ構法の可能性が浮上し、これを採用したスタッフの自邸「針生の箱」では、環境性能を含む様々な実証実験を行い、さらなる性能の向上に努めている。縦ログは、単なる構法のアイデアにとどまらず、地場産材の活用、製作のための雇用を地元にもたらすことなど、社会への還元も意識したものだ。さらに、彼らは、このシステムを特許で囲い込まず、オープンソースとして各地で広げることも視野に入れている。
(五十嵐太郎)

The office of Haryu Wood Studio is set in the mountainous depths of Minamiaizu, an area with tremendous snowfall, and its designs are executed in collaboration with the adjacent sawmill. After the Great East Japan Earthquake, in addition to becoming involved in constructing a large number of temporary log houses throughout Fukushima, Haryu Wood Studio constructed a meeting place in Kamaishi, experimenting with construction methods in collaboration with NAMBA Kazuhiko. For the evacuees of the nuclear power plant accident, they proposed a program of gradual evacuation through regional housing together with the URABE Tomoyoshi Laboratory of College of Engineering, Nihon University. It is worth noting that local Tohoku architects are active in an energetic and multifaceted way. The possibility of a vertical log construction method arose from this sequence of experiments after the earthquake. For Haryu Box (the home of one of the office members) various experiments on environmental performance have been carried out, and they continue to work hard at improving its efficiency. The vertical logs are not merely a constructional idea, but also based on an awareness of social solutions with the practical use of local raw materials that are also processed locally. Furthermore, Haryu Wood Studio has not patented this idea, and intends it to be available in every area as an "open source" system. (IGARASHI Taro)

被災地×縦ログ構法。
その優位性と
可能性を探る。

Disaster Area × Vertical Log construction Method: Searching for Superiority and Possibility

南会津事務所での打ち合わせ風景。日本大学工学部の浦部智義准教授と共に、縦ログ工法を用いたプロジェクトの検討を行う

震災が生んだ「縦ログ構法」の発想

　私たちの運営する「はりゅうウッドスタジオ」は、福島県南会津を拠点とする建築設計事務所である。福島で震災を経験した建築設計事務所として、その様子と木造仮設住宅のことを書いてみたいと思う。

　2011年3月11日当日の朝、代表の滑田崇志と数人のスタッフを南会津の事務所に残し、筆者（同社取締役 芳賀沼整）とスタッフ1名はある改築の打合せのために双葉郡に向かっていた。
　3月11日14時46分に富岡漁港を見下ろす、福島第二原発から2km北の海岸沿いの高台で初めの大きな揺れに遭遇した。一緒に居合わせたN氏は、原発関連企業を経営している人で、仕事柄早々と地震の規模と津波の大きさを正確に言い当て、津波が来る前に福島第二原発に向かった。
　私も、近くにある、昨年設計し完成したばかりのE邸に向かって、人々の流れに逆行して緩やかな坂道を下った。地震の2時間前にE邸で昼食をご馳走になった時に薪ストーブが焚かれていたことを思い出したからだ。
　津波は高く押し上がりながら陸地に這い上がり、すべてを飲み込んでいった。鮭が上る富岡川沿いにあったE邸は、川に引き込まれるように海まで運ばれた。避難所で施主の奥さんに会った時、「家はありましたか？」と願いに近い質問が投げかけられた。それに対して、下を見て「何もなくなった」と答えるしかなかった私。暗闇を探るような無力感に襲われたことが今も思い出される。
　15時半前には高台に避難し、それから夜までの間、津波被害の状況を見て回った。その時に見た人々の動きやできごとが、その後の私たちの動向を左右し、震災以降の活動の原点をつくり上げることとなった。
　震災当日の深夜に大熊町を経由して被災地を抜け出した後は、水と食料を持ちインフラが止まった地域を回った。そこで私たちは多くの仮設住宅の必要性と、資材不足等が予想される建設の困難を、同時に知ることとなった。

1. 震災後、多くの被災者が避難した郡山市内の避難所の様子　2.2012年グッドデザイン賞金賞受賞の「木造仮設住宅群」。福島県内に600戸の木造仮設住宅が提供された　3. 木造仮設住宅群、ログ壁建ち上げ風景　4. 焼杉を使った縦ログ構造壁の建造の様子

　　　3月下旬、災害救助法の規約の枠を拡大して、地元工務店の施工による木造仮設住宅公募の情報が出た。
　　　私たちは、グラスウール等の資材が不足している状況から、木材パネルのみで仮設住宅をつくるという「縦ログ構法」のアイデアを実行に移せないか検討を進めた。一定の大きさの木材（ログ）を縦に並べてパネル化し、壁をつくる構法である。東北のように木材が豊富にあるところなら工業建材の調達が不要になるし、また工場でプレカットしてパネル化することで短工期になるというメリットもある。「木」が避難者の方に何らかの安らぎを与えてくれればという願いもあった。
　　　しかし結果的には、「縦ログ」は構法としてまだ確立していないことから、実績のある「横ログ」、つまり丸太組工法が採用された。
　　　この横ログハウス型仮設住宅において、私たちは福島県応急仮設住宅建設事業1次公募（4月）で500戸の建設に携わった。2次公募（7月）の

100戸では、建築家の難波和彦氏に協力を仰ぎ、構造システムの単純化と、外部に面したアルコーブやフレキシブルな一室空間を実現した。

また並行して日本大学工学部浦部智義研究室（以下、浦部研究室）と1千戸以上（先述の横ログハウスも含む）の仮設住宅の配置計画を行った。

さらに、均質的な仮設住宅地内において、各住宅地の核となるものをつくろうという取り組みにも参加し、南相馬市の仮設住宅地に、東北大学五十嵐太郎研究室と彦坂尚嘉氏と共に「壁画のある集会所」と「復活の塔」をつくった。また本宮市の仮設住宅地にはロハスの思想を取り入れた集会所を、浦部研究室と共同設計し、建設した。

ちなみに最初の「縦ログ構法」の建物は、2011年秋に岩手県釜石市で実現した。私たちの事務所でかつて働いていたことのある岩間妙子さんが岩手県大槌町で被災したこともあり、何らかのかたちで復興への貢献をしたいという私の思いから計画が進んだのだ。

その結果、難波和彦＋界工作舎と浦部研究室との共同設計で、被災した釜石市内の2か所の公園内に縦ログ構法による仮設集会所「KAMAISHIの箱」を建設することとなった。この建て方は、縦ログによりパネル化されていたため数日で完了した。

1. 縦ログ構造壁を使ったスタッフの自邸「針生の箱」（難波和彦監修） 2.「針生の箱」の内部。縦ログ構造壁のおかげで高い開口が取れる

広がる縦ログ構法の可能性

縦ログ構法は震災復興が発案の原点にあり、その側面から見ると次のような利点がある。

①木という単一の材料で供給することができる。（断熱材、構造材、仕上材を兼ねる）
②パネル化により、現場での工期を少なくすることができる。
③在来構法に近いオープンな構法で、誰でも製作に参加しやすい。
④木材のテクスチャーが居住者に与える心理的効果がある。
⑤地域の山に放置されているスギを大量に使うことができる。

　数寄屋建築は、15世紀末からの戦国時代による木材不足から生まれたという。それと同様に、震災後の今、特に被災地では、山に森林資源が放置されている現況にかなった住宅のあり方を考える地点にいるのではないかと思っている。

⑥パネル化しているので、解体・移築・再利用がしやすい。

　災害公営住宅が、暫定期間が過ぎた後に取り壊されて廃棄物になるのではなく、解体・移築・再利用できることは、資源の有効活用や経済面から見ても大きなメリットではないだろうか。

　一方、縦ログ構法には次のようなデメリットもある。
①木が収縮し、隙間ができやすい。
②構造や防火に関する評価がまだ認められていない。

　これらの課題については、パッキンの改良や性能評価実験を実施するなど、現在、一つひとつ取り組んでいる状況である。

　縦ログ構法は、被災地にのみ有効なわけではない。各地でも実践が可能なオープンソースとしての可能性も秘めている。

　2010年10月1日に施行された「公共建築物木材利用促進法の施行」により、建築の木造化が国策としての目標になり始めている。戦後に植えられた日本国内の樹木が60年から70年ほど経ち、森には多くの木材が蓄えられている状態だが、ある時期に安い外国材に押されて国内材が売れなくなり、林業従事者がほとんどいなくなってしまった。その結果、林業も国内の森も荒れている。こうした状況下、木造の新築建物

を増やし、国産の材木を多く使うことは、まさに理にかなっている。

　中でも縦ログ構法はシンプルで、地元の小さな工務店においてもパネルを製作できる構法である。つまり地域の大工や職人が、大規模木造に参加できる可能性を生む構法なのである。それゆえ、今後の地元工務店の活性化システムとなる可能性にも繋がっている。このことを視野に入れて、今後は、加工手間を押さえ、合理化を図ることでより低コストで製作可能な方法の開発を進める予定だ。

　他方、木造は「燃えやすいのではないか？」という懸念があるだろう。そこで私たちは防火性能を確認するための燃焼実験も行っている。

　その結果、木そのものは燃えるが、ある時点から燃え止まりという現象が起こることが分かった。木が炭化し、酸素の供給を押さえ、燃えにくくなる現象のことである。そのため木材は、可燃物ではあるが、準防火構造になりうると分かったのである。

　木材は、表面に炎を当て続けると1分間に1mm、1時間では60mm燃え進む。木材パネルのつくり方によっては、1時間炎を当て続けても、建物自体は倒壊せず、安全に避難できるようになる。言い換えると、それが準耐火構造の条件である。

二地域居住の提案

　このように「はりゅうウッドスタジオ」では、ハード面について様々な取り組みをしているが、その一方で、建築計画や都市計画など、よりマクロな案件についても検討している。

　たとえば、「二地域居住」について。これは震災直後、双葉郡の避難者が、行く末が全く見えない状況に置かれたことを受けて、「家をふたつ持つ」という考え方があることを示したものである。

　また、復興住宅の建設時期に当たる現在においては、郡山郊外の過疎化が進む地区が避難者を受け入れる集落群となりうるかどうか、地元の人たちと共に検討を進めているところでもある。（TEXT：芳賀沼整）

二地域居住エリアマップ

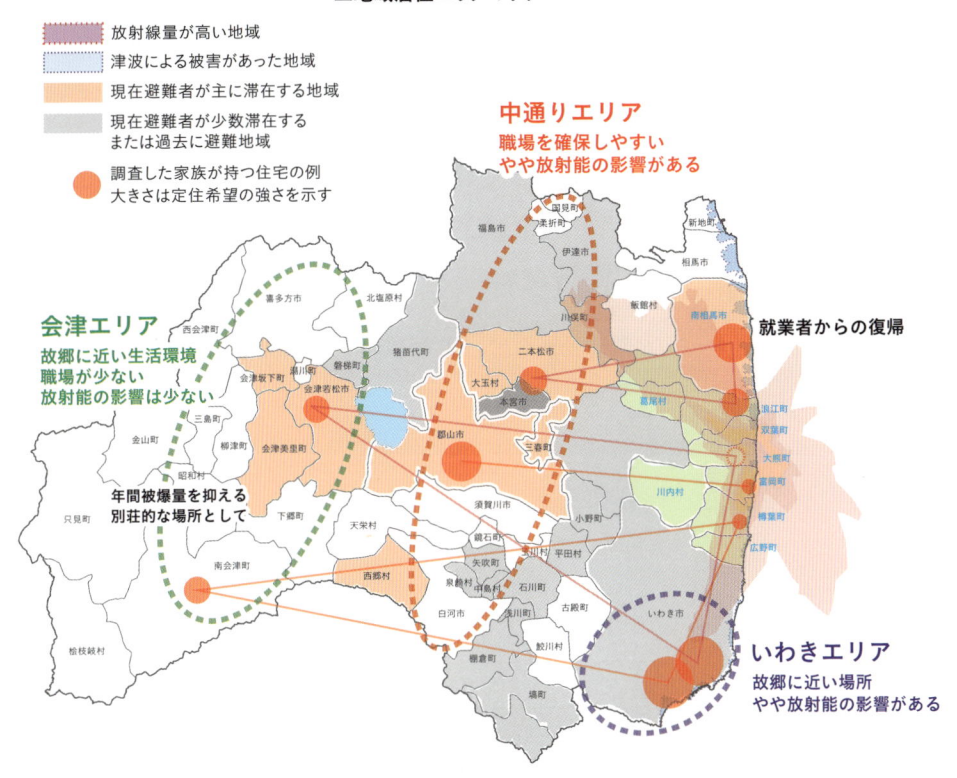

- 放射線量が高い地域
- 津波による被害があった地域
- 現在避難者が主に滞在する地域
- 現在避難者が少数滞在するまたは過去に避難地域
- 調査した家族が持つ住宅の例 大きさは定住希望の強さを示す

会津エリア
故郷に近い生活環境
職場が少ない
放射能の影響は少ない

年間被曝量を抑える
別荘的な場所として

中通りエリア
職場を確保しやすい
やや放射能の影響がある

就業者からの復帰

いわきエリア
故郷に近い場所
やや放射能の影響がある

福島第一原子力発電所事故による避難者は、震災後3年が経過し、避難先での定住を考え始める人も増えている。その考え方にはエリアによって違いが見られ、より原発に近い大熊町の住民は元の家ではない地域に定住地を求める傾向が強い一方で、南相馬の住民は行き来しながら元の家への復帰のタイミングや、元の地域での新しい居住形態について模索している。また、多世代家族が多かった地区は、震災後は家族が分散しネットワークをつくった居住形態となっていることが多い。こうした調査結果(図)を踏まえ、「はりゅうウッドスタジオ」では、住居はひとつだけという政策や捉え方ではなく、ふたつぐらいの住居を持ち、仕事や心身の状況に合わせてネットワーク化したり、行き来しながら、復興への過程を歩むというあり方の調査や提案を行っている。

Profile

芳賀沼整（はがぬま せい）
1958年福島県南会津町生まれ。東北大学大学院修士課程修了。2006年より「はりゅうウッドスタジオ」の取締役を務める。主な作品には〈木造仮設住宅群／2012年グッドデザイン賞金賞〉、〈針生の箱／2014年第7回JIA東北住宅大賞〉など。著書に『木造仮設住宅群：3.11からはじまったある建築の記録』(共著、ポット出版、2011)、『3・11万葉集 復活の塔』(共著、彩流社、2012)がある。

HAGANUMA Sei
1958, Born in Minamiaizu, Fukushima pref. 2002, graduated from Master Dept. of Architecture, Urban Planning and Building Engineering Univ. of Tohoku. 2006- Haryu Wood Studio, corp (Architect Office). Main Works, Wooden Temporary Housing Group / Good Design Gold Award in 2012, The box house in Haryu / 7th JIA (The Japan institute of Architecture) Tohoku housing prize in 2014.

05

小野田泰明
ONODA Yasuaki

Profile

小野田泰明（おのだ やすあき）
建築学者。建築計画者。東北大学大学院教授。1963年石川県金沢市生まれ。1986年東北大学建築学科 卒業後、UCLA客員研究員などを経て現職。建築 のハードとソフトを繋ぐ建築計画者として世界的 に知られ、「せんだいメディアテーク」や「横須賀美 術館」の計画に携わる。2003年日本建築学会作品賞を阿部仁史氏と共同受賞。東日本大震災以降、建築家による復興支援ネットワーク「アーキエイド」の立ち上げに関わった他、宮城・岩手の自治体における復興アドバイザー、東北大災害科学国際研究所教授（兼担）、日本建築学会理事（復興担当）などを務める。著書に『プレデザインの思想』（TOTO出版、2013）がある。

ONODA Yasuaki
Born in Kanazawa, Ishikawa prefecture in 1963. Architecture scholar, architectural planner, professor at Tohoku University. Came to current position after obtaining an undergraduate degree in architecture from Tohoku University in 1986 and being a visiting scholar at UCLA. Was involved as an architectural planner merging hardware and software in the architectural design of world-famous projects such as the Sendai Mediatheque and the Yokosuka Museum of Art. Was awarded Architectural Institute of Japan at Architectural Design Division Award together with ABE Hitoshi in 2003. After the Great East Japan Earthquake, became involved in the establishment of ArchiAid, a network of architects for reconstruction support, and serves as reconstruction advisor in the municipalities of Miyagi and Iwate, professor at the International Research Institute of Disaster Science, and board member of the Architectural Institute of Japan.

発災直後、自治体スタッフと共に現地の被災状況を整査する筆者。手前は越村俊一東北大学災害科学研究所教授（津波防災工学）

復興作業の概要と建築人の役割

Outline of reconstruction work and role of architects

　筆者は、東北地方の大学で都市・建築学専攻の教員として研究・教育に携わる一方、建築事業の前段を整理する建築計画者として実務に従事してきた[1]。発災後、理学、工学（津波工学、地震工学、土木、建築、都市計画）、心理学、医学などを横断する研究機関として東北大学に設立された災害科学国際研究所に召集されたこともあって、現在も多くの被災自治体の復興作業に関わっている。こうした経験をもとに、本展覧会で取り上げられた事例を交えながら、復興の作業について、6つの側面から概説してみたい。

1
避難計画と復興計画の統合

　災害を受けた人が最初に取る行動は、自らや家族、そばにいる人たちを守るための避難である。「逃げ地図プロジェクト」は、こうした基本に着目した数理シミュレーションであるというだけでなく、被災者と協同するツールになっているところが秀逸と言える。しかしながら、避難計画シミュレーションにはすでに防災分野で多くの蓄積があること、実際には日常的に活用していないと避難路として活用され難いこと、渋滞や道路を伝った津波の遡上といった与件の包含、さらに二次避難のための避難所の階層との連携、など

実装には様々な事項への対応が必要となる。

また、避難計画は発災前に整理されているべき事象だが、今回のような想定外災害の場合には新しく練り直さざるを得ず、復興計画の後追いとなることも多い。発災後いち早く、地区との対話を通して避難計画を定め、従来から地区を支えていた公民分館を地区避難所として再定義することで、地域避難計画策定と地域施設の早期復興を両立させた宮城県七ヶ浜町のケースは、それを回避した希有な例と言える。

2
仮設住宅地計画と事後的課題への対応

避難の後は、避難所の開設や物資の支給といった組織的対応に移行する。中でも、非人間的環境となりがちな避難所については、プライバシー確保のための間仕切りの供給など様々な支援が行われる。間仕切りの提供は、坂 茂をはじめ多くの建築人が様々な活動を行ってきた領域であるが、その甲斐あってか、近年は段ボールメーカーが規格品の供給体制を整えるなど次の段階に移りつつある。

仮設住宅は、短期間で大量の供給が必要となると同時に、その質が後のコミュニティ維持や合意形成と深く関わるなど、高い緊急度と遅効的性質の両面を持つ難しい事業だ。そうした中で、「はりゅうウッドスタジオ」の木造仮設住宅の研究と実践は、工場で作成が可能で移築も簡便な方向を模索したすぐれた試みと言える。一方、いつ起こるか分からない災害のための生産と運搬体制の用意やそのコストなど、まだ課題も残っている。もっとも、木造仮設の可能性については、多くの建築家がチャレンジしている分野で、他にもすぐれたものが多い。そうした本展示には選ばれていない他の実践を包含した議論と評価の場が社会的には求められるところかもしれない。そういう意味では、「坂の仮設住宅（女川町）」は汎用品であるコンテナを用いるなど生産の問題に配慮すると同時に、積層化して土地の有効活用を目指すことにも挑戦するなどさすがにこなれている。しかしながらこれとて、実際の施工に多くの手間がかかることは否めず、一般化のため越えるべきハードルは多い。

近年、民間の賃貸住宅を仮設住宅として供給する「みなし仮設」が注目されつつあるが、この方法も被災者が被災地から離れ、分散し、コミュニティの再統合や被災地への帰還が難しくなるなど、課題がないわけではない。これら仮設住宅整備については、岩手県で陣頭指揮に当たった大水敏弘の報告[2]など、地味ではあるが全体の問題構造を理解することから始めることが肝要かもしれない。

他方で、避難が長期間にわたると、仮設住宅の質の低さに起因するコミュニティの劣化や、世帯分離の固定化など様々な問題が発生するが、伊東豊雄らの「みんなの家」がユニークなのは、そうした復興までの希望を繋ぎ、コミュニティの劣化を防ぐ役割に注目した点にある。隣にプレハブの集会施設があるにもかかわらず、伊東の「みんなの家」が活発に使われている状況などを見ると、意匠的には様々な批評はあるにせよ、コミュニティの劣化を危惧する現場には力強い支援であることは間違いない。しかしその一方で、今のところ自律的に運営されているものの、長期には福祉部局や社会福祉協議会、NPOなどとの連携も求められる難しい領域でもある。

こうした仮設住宅について、防災専門家の間では、今回の災害の数十倍の被災者が出ると想像される南海トラフ地震や、さらにそれを上回ると想定される首都直下地震に際しては、これらすぐれてはいるが、手がかかるものとは異なる根本的な対応が必要となるとも言われている。

3
L1（レベル1津波）とL2（レベル2津波）対策

本災害の特徴のひとつが、津波により土地利用を大きく変えざるを得ない点である **(次ページ 図1)**。今回の復興では、国の防災会議での議論をもとに、想定津波をL1（百数十年に1回）L2（500年から千数百年に1回）に区分したうえでシミュレーションを行い、L1の侵入を防ぐ防潮堤で海岸線を固める計画を策定し、それを越えるL2については2m以上浸水しないと想定される場所を起点として土地利用計画を整えて行くことになっている（通称2-2ルール／**次ページ 図2・上の図**）。これでうまく行く所も多いが、リアス式海岸の

図1. 復興事業簡略説明図

※L2津波2m浸水ラインは、3.11の浸水ラインと比較的近い値であることが多い

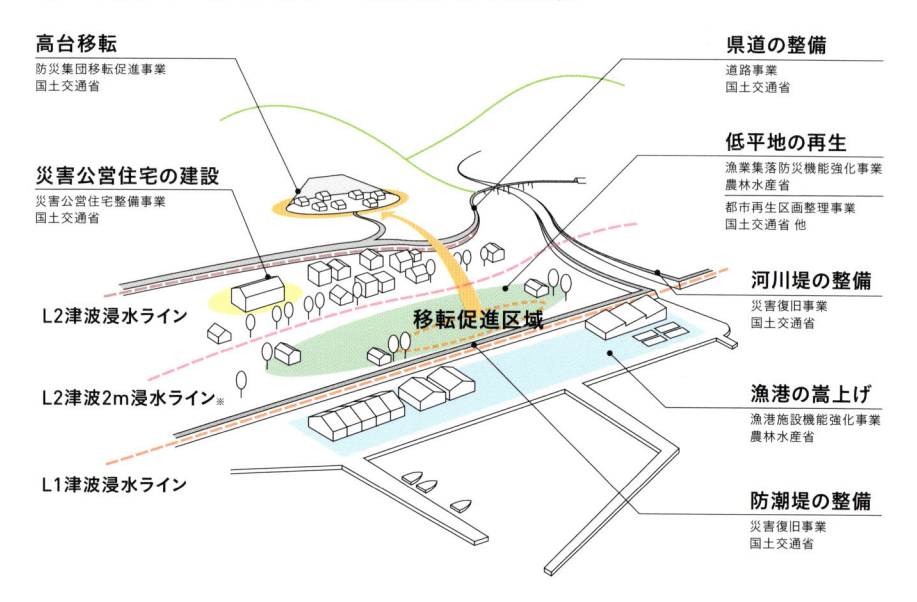

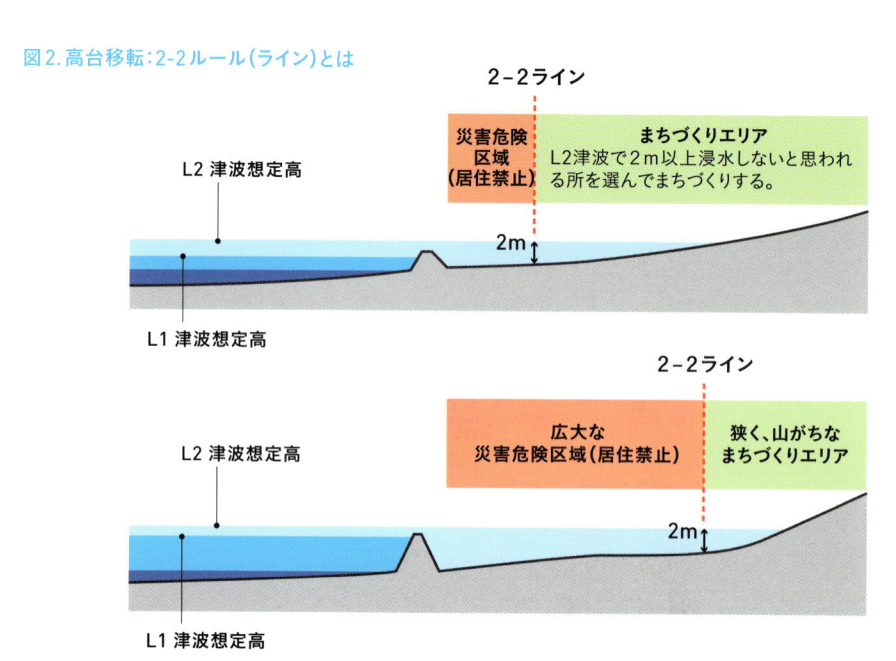

高台移転
防災集団移転促進事業
国土交通省

災害公営住宅の建設
災害公営住宅整備事業
国土交通省

L2津波浸水ライン

L2津波2m浸水ライン※

L1津波浸水ライン

県道の整備
道路事業
国土交通省

低平地の再生
漁業集落防災機能強化事業
農林水産省
都市再生区画整理事業
国土交通省 他

河川堤の整備
災害復旧事業
国土交通省

漁港の嵩上げ
漁港施設機能強化事業
農林水産省

防潮堤の整備
災害復旧事業
国土交通省

移転促進区域

図2. 高台移転:2-2ルール(ライン)とは

2-2ライン

L2津波想定高

災害危険区域(居住禁止)

まちづくりエリア
L2津波で2m以上浸水しないと思われる所を選んでまちづくりする。

2m

L1津波想定高

2-2ライン

L2津波想定高

広大な災害危険区域(居住禁止)

狭く、山がちなまちづくりエリア

2m

L1津波想定高

3.11以後の建築

湾奥などでは、L1が非常に高いため、越波するL2は位置エネルギーによって堤内の平野のほとんどを高い水位で満たしてしまい、結果、巨大な防潮堤と広い平野があるのに住民は山を削って細々と住まざるを得ない状況も起こってしまう**（左ページ 図2・下の図）**。土地利用計画は、海が見えるかどうかという感情的問題にとどまらず、確率論的には500年に1回というリスクをどう考え、そのためにルールをどう適用するかといった包括的な問いなのである。

4
高台移転地から考えられること

多くの建築専門家が発災直後から浜に入り、復興を支援する試みが行われている。それらの中でも、「アーキエイド」や「JIA（日本建築家協会）東北支部」などが行った活動は、既存の土木技術体系や復興制度を取り入れつつ、組織的・持続的に対応している点でこれまでにない支援のあり方かもしれない。しかし、彼らがボランタリーに取りまとめたレポートと最終的に調整された防災集団移転促進事業（防集）は、必ずしもスムーズに連結されているわけではない。道路構造令や法勾配など、造成の基本ルールを守りながら、土地の持つポテンシャルを生かした彼らの魅力ある造成案も、管理や公私区分の問題から、大きな法面と外周道路で囲われた緩傾斜の宅盤から成る通常の造成方法に取って替わるのは難しいようだ。

　これを避ける方法として注目されるのが、防集団地を小割にして、既存の集落の間に入れ込んでいく、いわゆる「差し込み型防集」である。パシフィックコンサルタントの佐藤勝幸らによる大船渡での仕事をはじめ、アーキエイドの小嶋一浩や東北大学災害科学国際研究所による石巻市鮎川浜東部、東北大学・東北学院大学・宮城俊作らが支援した七ヶ浜町松ヶ浜など、このタイプとして注目すべきものは多い。一方、大規模な移転でも、コミュニティとのていねいな対話によってユニークな街区を実現した北海道大学森傑らによる気仙沼市小泉地区、ランドスケープと旧集落の個性を活用した岩沼市玉浦西地区（石川幹子、小野田泰明、阿留多伎眞人ら）など、数は少ないが、良質な例がある。

5 孤独死を避けるために

仮設住宅を出て復興公営住宅で生活を始めた後に、新しいコミュニティがうまくつくれず、最悪の場合は孤独死が発生する事例が阪神淡路大震災でも報告されているが、その要因を克明に追った田中正人の報告[3]によると、これにはアルコール依存、無職、未婚が関わっており、この傾向は男性に顕著となる。この事実は、一般に奨励される集会所での交流も、そうした活動にあまりかかわらない孤独死危険層には限定的で、むしろ何かあった時にアプローチしやすい、アウェアネス（気付き）に満ちた環境が有用であることを示している。

集合住宅は、通常北側から入って南の居間に至る形式を取っているが、この場合、最も公共性の高い空間は個室と隣接する北側の条件のよくない場所で、各住戸は孤立しがちである。それらを改善する型として案出されたのが「リビングアクセス」[4]だ。南に置かれた公共性の高いゾーンは、家族や親しい知人を招き入れる居間に近接する一方で、個人的空間である寝室は守られている**(図3)**。しかし、有効に見えるこのタイプも、プライバシーの侵害が起こりやすいために実装は難しく、階数が多層となるとその困難さは倍増する。

図3. リビングアクセスの概念図

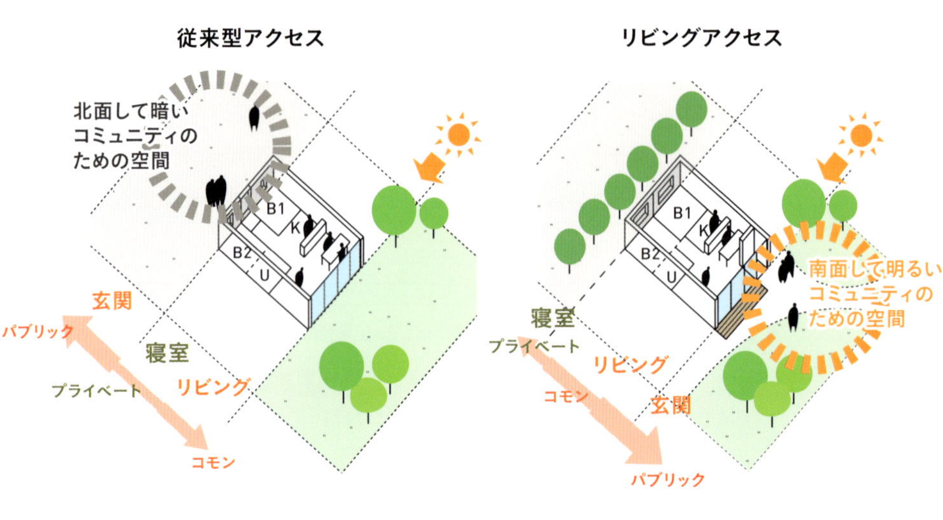

6
復興公営住宅計画のマネジメント：
情報共有＞整備戸数調整＞質の確保＞発注管理

　復興公営住宅整備は、自治体が行う被災者への居住意向調査に基づいて行われる。しかし、意向調査の結果は、事前提供される情報や調査自体の時期によって変化する事象でもある。言い換えれば、適切な情報提供を通して自立再建を勇気付けられれば、結果的に復興公営住宅数を抑制できる可能性が存在するのだ。これは時間の経過と共に減少する復興住宅のニーズを睨みつつ、過剰なストックを抱えないよう配慮しなければならない自治体には朗報であるが、一方で、復興公営住宅入居者を高齢者や要介護者といった福祉サービス必要層に純化してしまう危険性も孕んでいる。

　これらに自覚的である自治体には、岩手県釜石市、宮城県東松島市、同岩沼市、同七ヶ浜町などが挙げられるが、特に七ヶ浜町は、何重にも考えられた仕組みで事業展開を行っている。この町では、対面でのていねいな事前説明で自力再建を促して復興公営住宅数を絞り込む一方で、整備する住宅にはリビングアクセスの採用などによる高齢者への対応を図り（次ページ 図4）、それら難しい設計を担う設計者を設計プロポーザルで調達すると同時に、住民が新しい環境を受け入れるための参加型のワークショップも並行して行っている。このプロポーザルについては、アーキエイドやJIAなどの専門家集団がボランタリーに審査員を出すなど、いろいろと下支えを行っている。こうした目に付きにくい所での貢献の重要性についてもコメントしておきたいところである。一方で、ていねいな設計が施工難度を上げ、それによって建設発注が難しくなることも想定されるが、これについては、宮城県復興住宅整備室に業務支援を請うことでリスクヘッジが図られている。

　こうした努力もあって、建設物価が異常な高騰を示しているにも関わらず、七ヶ浜町ではすべての建設発注が2014年6月に予定価格内で完了し、現在は2015年度以降の完成に向けて作業が進められている。

図4. 浜のコミュニティごとに整備される復興公営住宅（七ヶ浜町）
住戸エントランス（◀1階 ◀2階 ◀3階）

菖蒲田浜復興公営住宅
RC造3階建 100戸／設計：阿部仁史＋阿部仁史アトリエ

コミュニティや将来対応（グループホーム）に配慮した小ユニット構成

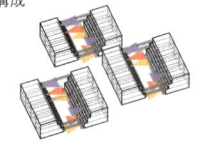

花渕浜復興公営住宅
RC造3階建 50戸／設計：関・空間設計

傾斜地形を生かして設けられた交流街路を挟んだ住棟構成

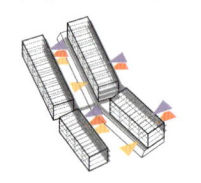

代ヶ崎浜復興公営住宅
RC造2階建 24戸／設計：松本純一郎設計事務所

集会所前広場への路に開かれると共に地形なりに接地させた住戸群

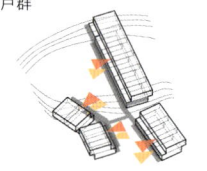

七ヶ浜町の復興公営住宅づくりのポイント
・コミュニティを維持するため、復興公営住宅は浜ごとに整備され、建築的にもリビングアクセスが取り入れられている。
・各住宅の設計者は、設計プロポーザルを経て選定されている。
・住宅の設計は、地域や入居予定者とのていねいなワークショップを経ながら詰められている。

　言うまでもないが、復興は、防潮堤、道路、復興住宅といったハードだけでは決して成就しない。新しくできる場所が、多世代にわたって引き継がれ得る価値と魅力のあるものであり、人々が日々の生活を送るなりわいが持続することが必須である。ところが大量の復興業務をこなさなければならない現場では[5]、事業遂行を目的化する誘惑は断ち難く、環境の質への目配りはどうしても後回しになってしまう。

しかしながら、いくつかの自治体の復興をお手伝いする中で思うことは、地域の特性を明確に読み取り、そこにある固有の資源を活用しながら事業展開を図ることで、これらは克服できるのではないかということである。本稿で取り上げた七ヶ浜町や岩沼市などが、被害が大きいにも関わらず迅速な復興を成し遂げているのは、自治体の規模が小さいだけでなく、①早期に住民に対してていねいな情報提供を行い、自律的な生活再建を促す ②集落などの中間的なコミュニティを活用して合意形成を促進する ③プロパー職員が中核に立ちながら能力ある外部者（学識、事業者）と積極的に共同する、といった共通点があるようにも思う。やはり、自治体と住民、そして彼らと専門家との間に信頼関係が成立していることが重要なのだ[6]。

最後に、復興報道の逆説について申し添えておきたい。被災地では、復興で重要な働きをしている人は、関係性に取り込まれているため発信に慎重になる一方で、発信する時間とモチベーションに恵まれている人たちの活動は、全体からすると微妙であってもメディアに多く取り上げられがちだというジレンマがある。もちろん本展覧会に取り上げられた試みは、良質なものばかりであるが、それでも復興の現実やそこにおける建築人の役割全体を表象しているわけではない。展覧会というひとつのベクトルの中で取り出された任意の事例群であり、その他のセットも当然存在しうる。

残念ながら、東日本大震災からの復興は現在進行形の事象であり、建築人の貢献もいまだその価値を定めることは難しい。（TEXT：小野田泰明）

参考文献：
1) 小野田泰明『プレ・デザインの思想』TOTO出版、2013年
2) 大水敏弘『実証・仮設住宅』学芸出版社、2013年
3) 田中正人・上野易弘「被災市街地の住宅セイフティネットにおける「孤独死」の発生実態とその背景」『地域安全学会論文集』15号、2011年11月、pp.437-444
4) 小野田泰明・北野央「開いた公営住宅 - リビングアクセスとプライバシーの調整」、日本建築学会編『現代集合住宅のリ・デザイン』彰国社、2010年、pp.58-59
5) 小野田泰明「東日本大震災からの復興と自治体の役割」『地方自治職員研修』第47巻3号、2014年3月、pp.12-15
6) 小野田泰明「未来につながる復興のために必要なこと」『ランドスケープデザイン』98号、2014年10月、pp.56-63

PROJECT 1

建築家ボランティアがまちの人たちと一緒につくった災害時のための
「逃げ地図」
Emergency "Evacuation Map" made by volunteer architects and citizens

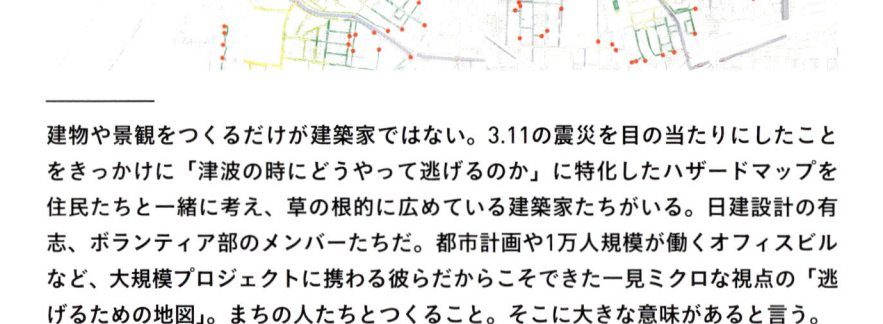

建物や景観をつくるだけが建築家ではない。3.11の震災を目の当たりにしたことをきっかけに「津波の時にどうやって逃げるのか」に特化したハザードマップを住民たちと一緒に考え、草の根的に広めている建築家たちがいる。日建設計の有志、ボランティア部のメンバーたちだ。都市計画や1万人規模が働くオフィスビルなど、大規模プロジェクトに携わる彼らだからこそできた一見ミクロな視点の「逃げるための地図」。まちの人たちとつくること。そこに大きな意味があると言う。

金沢市大野町の逃げ地図プロジェクト実行部隊
日建設計ボランティア部
羽鳥達也／谷口景一朗／穂積雄平／今野秀太郎／小野寺望／小松拓郎／酒井康史／井上雅子
馬場由佳／山元恵美子／茅原愛弓／乾櫻子

本当に使える「逃げるための地図」を

　東北で建築を学ぶ学生と共に、日建設計ボランティア部のメンバーが現地に入ったのは震災の直後。2011年4月のことだった。いまだに余震も続いており、とても「復興のためのまちづくり」の話ができる状況ではない。ハザードマップに従って逃げたにもかかわらず亡くなった人がいたこともあり、住民と行政の間の信頼関係が崩れているようにも見えた。

　「だったら、住んでいる人たちが本当に使えるハザードマップをつくろう」。それが逃げ地図プロジェクトの始まりである。

　「避難地形時間地図」。逃げ地図の正式な名前だ。安全な場所まで逃げるのにどれくらいの時間がかかるのかを示す地図。単に標高の高低や高い建物の位置だけではなく、過去100年間の浸水域を重ね、実際に生活しているからこそ分かる、崩れそうな建物や川に架かる橋、細い路地や建物、地盤の状態に至るまでの細かな情報を地図上に落とし込む。そこに、住民が自分たちの手で逃げる時間による安全度の違いを色分けして塗っていく。そうすることで、どっちに逃げればいいのか、どれぐらい逃げればいいのかが見えて来るのである。

　作業を進める中で、住民たち一人ひとりが「この道は危ない」「丘に逃げるよりこの建物に逃げたほうが早い」など、様々なことに気付く。これが逃げ地図の狙いでもある。

被災地で実際に作成した逃げ地図を広げるボランティア部のメンバー

逃げ地図プロジェクト
@金沢市大野町

　金沢駅から車で15分も走ると、日本海に出る。海に近い大野町は、北前船の恩恵を受け醤油のまちとして栄えてきた。古い町並みが残る分、高い建物が少ない。また、まちよりも海側のほうが標高が高く、住宅のすぐ近くを川が流れている所もある。

　この大野町に、2014年の夏、日建設計ボランティア部のメンバーが乗り込んだ。住民たちと一緒に逃げ地図をつくるためだ。

港と川に囲まれているまち、大野。左上は日本海で、海の手前が小高い丘のようになっている

1. 橋の上から海のほうへ目をやると、丘になっていることがよく分かる　2. 住宅のすぐそばを川が流れている　3. 海から町を望むと川を中心に栄えてきた歴史が伝わってくる

逃げ地図のつくり方

① 地図上に安全な場所への入り口に赤丸を付ける
② 橋や崩れ落ちそうな建物（地元の人しか分からない）にバツ印を付ける
③ 高い建物（避難できそうな場所）にも赤丸を付ける
④ 赤丸地点から129mで逃げられるルートを緑で塗る（129mを示す長さの紐を地図上に置きながら塗っていく）
　※129mは高齢者が3分間に歩ける距離
⑤ ④の地点からさらに129mのルートを黄緑で塗っていく
⑥ 順に黄色、オレンジ、赤、紫、茶と塗っていく
⑦ 逃げる方向の→を入れる
⑧ サインをして完成

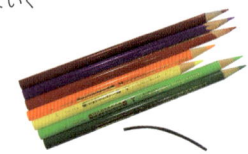

逃げ地図の色分け

色	色名	距離	時間
■	緑	安全な場所から129m	高齢者が3分間で逃げられる距離
■	黄緑	緑の地点から129m	高齢者が6分間で逃げられる距離
■	黄	黄緑の地点から129m	高齢者が9分間で逃げられる距離
■	オレンジ	黄色の地点から129m	高齢者が12分間で逃げられる距離
■	赤	オレンジの地点から129m	高齢者が15分間で逃げられる距離
■	紫	赤の地点から129m	高齢者が18分間で逃げられる距離
■	茶	紫の地点から129m	高齢者が21分間で逃げられる距離

> ワークショップの準備完了!!
> 逃げ地図をつくろう!

Start!

安全な箇所に赤い丸。ここに逃げるための地図をつくる

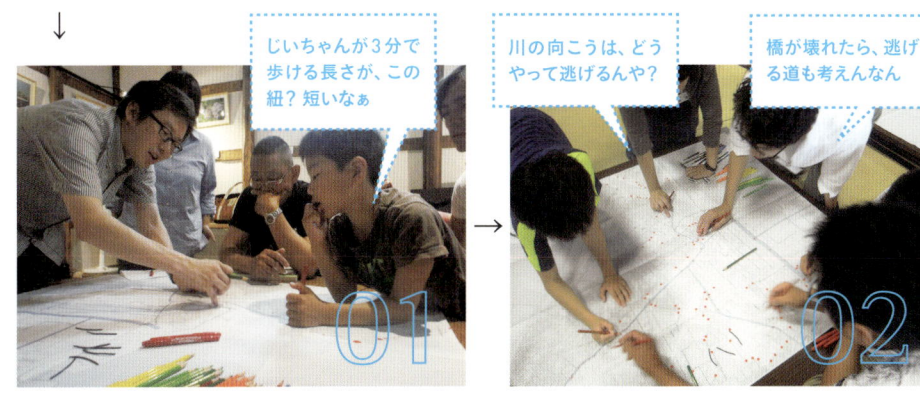

↓

> じいちゃんが3分で歩ける長さが、この紐? 短いなぁ

01 まずはボランティア部のメンバーがお手本を見せる

→

> 川の向こうは、どうやって逃げるんや?

> 橋が壊れたら、逃げる道も考えんなん

02 地震で壊れてしまいそうな危険な橋や倒壊でふさがれそうな道に×を付ける

Chapter 2　災害後に活動する

03

高さ1メートルの違いで大違いや！

お父さんが子どもに教えたり、子どもに教えられたり

04

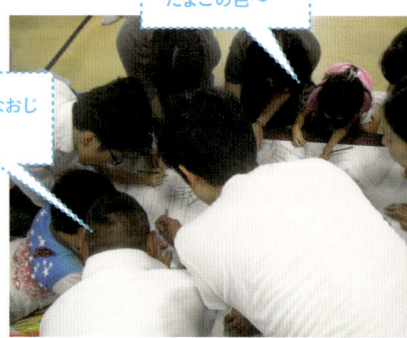

黄色は大好きなたまごの色〜

塗り絵の上手なおじさんですよー

おとなも子どももどんどん前のめりに…。

紺田健司さん
大野町のコミュニティカフェ もろみ蔵オーナー

今までの防災訓練には津波という意識はなかった。今思えば避難場所が低い場所だったり……。海も近いし、町の中に川があるし、住んでいる人たちも漠然と不安に感じていたのは事実。そこに、日建設計の専門家がいい機会をつくってくれたと思います。

<逃げ地図プロジェクトに参加して>

05

秘密の通路をみつけよー！

子どもたちは、覚えると大人顔負けでどんどん先へ進んでいく

06

オレンジは何メートル？危ないのかな？

色と距離の関係を確認しながら作業が進む

上坂雅次さん
防災士

自分たちが住んでいるまちですからね、何となくこの辺りは危ないとか、ここに逃げればいい、とイメージしていたと思います。しかし、お年寄りが逃げる距離は3分間に129m。こういう具体的な数値を示されたことで、避難の道筋や危険度がよりはっきりしました。自分の命は自分で守る「自助」のためには、みんなが知識を持たなければいけませんね。

<逃げ地図プロジェクトに参加して>

074　3.11以後の建築

> 隣町は高台に上がるルートがないから、知らせてあげよう

> 小学校は元水田や。逃げても液状化の危険があるのでは?

直江保生さん
大野町育友会会長

逃げ地図プロジェクトに参加して

小学5年生と2年生の息子ふたりと一緒に参加しました。子どもたちは楽しそうでしたよ。距離が遠くなると色が変わるというのが分かりやすいですからね。今までも「自分の家の周りで、この辺りは高いな」と何となく思っていて、家族でも話し合うことはあったんですが、こうして実際に色を塗ることで再認識ができました。津波はいつ来るか分からない。家にいる時に来るとは限らないから、スーパーや学校からの逃げ道も考えないといけませんね。

07

傍らでは、大人たちが逃げ地図を囲んで臨時の(?)防災会議

小林史彦さん
金沢大学理工研究域環境デザイン学系講師

逃げ地図プロジェクトに参加して

大野は海に近いほうが標高が高い。海側に逃げるのは抵抗がありますが、色分けされた地図を見ると、一目瞭然。同じMAPを専門家が持ってきて示しても実感しない。自分の手を動かすことで、生きた知識になり、腑に落ちるんですね。防災は住民が取り組むべきものだけど、今回のように外部の人が仕掛けてくれたことで、フラットにいろんな人が集まりました。それも逃げ地図の効果ですね。

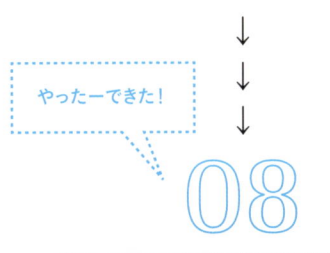

> やったーできた!

08

> これ、どっかに貼ろうよ。みんなに見てもらわないと

> サインもしたよー!

完成した逃げ地図を持って記念撮影

逃げ地図プロジェクト@大野町／2014年7月21日 もろみ蔵 & 8月10日 傳泉寺

これが完成した大野の逃げ地図だ！

津波の想定2mと3mの2種類を作成。
津波の高さによって、色の分布が違うことが分かる。
逃げ方も変わってくるのだ。

> どっちに逃げるか矢印も入れた

> このエリアは、川に架かる橋が壊れると、とたんに危険が増すことが発覚

津波の想定2mの逃げ地図

HONDAが逃げ地図アプリを作成

逃げ地図が新たな可能性を見せている。自動車メーカーのHONDAは、2013年3月からインターナビに逃げ地図を組み込んでいる。津波が起こった時、どのルートで逃げればいいのかがひと目で分かるようになっている。作成した逃げ地図を、HONDAに登録すれば、自分たちのまちの逃げ地図がアプリとしてダウンロードできるのだ。ただし、HONDA車ユーザーもしくはバイクユーザー用。

地図上の注記:
- 2014年7月20日
- 栗森長八 村田富士夫 雨野泰宏 室田和人 斉田辰雄 大崎吉幸 銭谷護一 右狄件一 紺田健司
- 左ページの同じ所と比べると、1mの想定の違いで、緑が減り赤が増えている
- つくった人たち、みんなのサイン
- 津波の想定3mの逃げ地図

　プロジェクト終了後、「地図をつくることが最終目的ではない」と切り出したボランティア部の羽鳥達也さん。「地図は書き換えられてこそ、価値があるんです。何もない中で話し合うと抽象的になる。この地図をたたき台にしてもらえればと思っています」。想定される津波の高さは毎年のように変わる。まちも進化している。その一方で、古いまちには消防車が入れないような細い路地が残っている。防災上はリスクだが、路地のある街並みは文化であり財産でもある。だから、道を広げるのではなくリスクを低くする方法を考える。そのためのひとつのきっかけとして逃げ地図があるのだ。それを、建築家たちが発信していることに、注目したい。

Chapter 3

エネルギーを考える

20世紀前半に勃興したモダニズムは、エネルギーを大量に消費する社会を前提としていました。しかし、1972年に「成長の限界」が報告されたように、20世紀末からは地球資源の有限性が意識されるようになり、近年は建築の分野でもエコロジーやサスティナブル（持続可能性）のデザインが重要視されています。また東日本大震災が誘発した原発の事故は、日本のエネルギーに対する考え方に大きな影響を与えました。「みかんぐみ」の竹内昌義は、エコハウスの試みと同時に、3.11を受けて、エネルギーの視点から原発の問題を考える著作を刊行しています。これは建築界から原発事故への数少ない応答と言えるでしょう。「日建設計」は、コンピュータを使うBIMによる設計を通じて、都心の大規模建築を悪者とせず、そのサイズならではの環境へのポジティブな関与を行いました。「逃げ地図」も、同じシミュレーションの技術を基にした試みです。また三分一博志は、空気や水の動きも建築の大切な要素と捉えながら、地球の一部として建築を構想しています。（五十嵐太郎）

Chapter 3 | Considering energy

Modernism, which suddenly gained ascendancy in the first half of the twentieth century, requires a society that consumes a large amount of energy. However, the "limits to growth" that were announced in 1972 gave rise to an awareness of the finitude of natural resources in the late the twentieth century. Ecological and sustainable design approaches have also recently become regarded highly in the field of architecture. Furthermore, the nuclear accident caused by the Great East Japan earthquake has greatly influenced the Japanese way of thinking about energy. TAKEUCHI Masayoshi of MIKAN experienced 3.11 while experimenting with the Ecohouse, and published a book in which he considered the issue of nuclear power from the point of view of energy. This is one of several responses to the nuclear accident from the architectural world. Through plans created with computer-based BIM (Building Information Modeling), Nikken Sekkei became positively involved with the environment at a large scale without making large-scale urban architecture into the villain. Nigechizu is an attempt for which the same simulation technology has been used. SAMBUICHI Hiroshi conceptualizes architecture as a part of the Earth while including the movements of air and water as important architectural elements. (IGARASHI Taro)

竹内昌義＋馬場正尊＋東北芸術工科大学

TAKEUCHI Masayoshi + BABA Masataka + Tohoku University of Art & Design

Review

竹内昌義は、学校建築など多くのプロジェクトを手掛ける4人の共同設計事務所「みかんぐみ」の設立メンバーであり、その中でも特にエネルギーを意識して建築を設計する建築家である。2008年より東北芸術工科大学で馬場正尊（214〜221ページ参照）らと共にエコハウスの実験を行ってきた。東日本大震災以降、多くの建築家が社会的な課題に取り組もうとしたが、原発と建築との関わりについて積極的に発言する竹内の取り組みは特徴的だった。これまでエネルギーと建築の関係を考える場合、効率や性能から建築を説明することが多かった。しかし竹内が設計する建築は、効率や性能はもちろんのこと、美しさや快適さを兼ね備えた建築に仕上げようとする点が違う。本人の言葉を引用すれば「我慢しないエコ」が大切なのである。エコなんだけどダサい、エコなんだけど不便ということでは、エコ建築をつくろうとする人が増えない。エネルギー問題を建築から解決しようとする時、その広がりを考慮して美しさや快適さを犠牲にしないことが重要だと考える竹内の態度は、建築が社会問題に取り組む時の主軸を示していると言えよう。（山崎亮）

TAKEUCHI Masayoshi is a founding member of the architectural office MIKAN, a team of four people who are frequently involved in projects for school architecture. Among them, he is an architect who designs buildings with a particular awareness of energy usage. Since 2008, together with BABA Masataka and others, he has been conducting experiments on the eco house at Tohoku University of Art and Design. After the Great East Japan Earthquake, many architects tried to address social topics, but Takeuchi's approach of advocating an engagement between architecture and nuclear power was unique. Previously, when the relationship between energy and architecture was considered, architecture tended to be explained in terms of efficiency or capability. The buildings designed by Takeuchi possess efficiency and capability, of course, but they differ in that he tries to enhance the building by also achieving beauty and amenity. To quote Takeuchi, "ecology without patience" is important. Calling something ecological but unattractive, or ecological but inconvenient, will not increase the number of people who want to try and make ecological architecture. Takeuchi's attitude that it is important not to sacrifice beauty or amenity while trying to solve energy problems in architecture could be said to reveal the principal focus of architecture that grapples with social issues. (YAMAZAKI Ryo)

日本における真のエコ住宅の開発を目指す。

Aiming at the development of true eco housing in Japan

東北芸術工科大学の敷地に建設された「山形エコハウス」。メインのボリュームは、日射の効果を最大限活かすために、真南に向けて建てられている。道路に面した地下のギャラリーは、山形産の高畠石を乾式工法で取り付けている。大地に埋まりながら、その奥にあるペレットボイラの機械室も道路から伺えるようになっている

筆者が注目し、研究しているのは、建築とエネルギーの関係である。2011年3月11日までは、明確な関係があるとは思えなかったが、あの日からその考えは一変する。震災後、3年経った現在でも14万人が故郷に帰れず、復旧の目処が立たない福島第一原子力発電所の事故は、チェルノブイリの規模を超え、日本は国土の3％を失った。現在も放射性物質は放出され、汚染が続いている。安全対策や避難対策が十分ではなかったことや事故後の政府の対応を含め、このような過酷事故（シビアアクシデント）を起こす原子力発電所は安全ではないと思う。

建築とエネルギーの関係

　さて、その原子力発電と建築はどう関係しているのか。実は、日本で消費されるエネルギーの34％は建築物が消費している。こと電力に至っては送電力の55％以上を建築が使っている。なのに効率のよい使い方をしていない。住宅におけるエネルギーのうちの2/3、（さらにその内訳は、家電1/3、給湯1/3、暖房1/3と言われる）は熱需要にもかかわらず、高価な電気を使っている。これは電力需要を増やしたい電力会社のキャンペーンと一致する。日本のエネルギー自給率はわずか4％。経済的な安定からしても、国際的な安全保障の枠組みで考えても、これでいいはずがない。エネルギーをどう使うか、どうつくるかには国民のコンセンサスが基本的に必要だ。それが現在のところ、日本ではなされていない。

　日本では、震災後、電気の節約の気運が高まって、電力の消費量が約15％程度抑えられた。その量はちょうど原子力発電で賄っていた量である。人の意識が働くと、その程度は節電できてしまうのだ。現在、世間で節電が要請されないのは、このためであろうか。一歩進んで、私たち自身がエネルギーの消費量を抑えた生活をすることで、国のエネルギー政策に影響を及ぼすことができるかもしれない。その点で、建築に関係する人たち（私も含めて）は、エネルギーに対してもっと敏感になる必要がある。

　また、単純に日本の家は建築的に寒過ぎるという問題がある。建築

による寒さが、ヒートショックを引き起こし、年間1万7千人以上が亡くなっている。また、高血圧、冷え症、不妊症など様々な健康的な被害が引き起こされている。これらはすべて、建築の問題なのだ。

消費よりつくりだすエネルギーのほうが多い家

さて、これらの活動は、建築デザインを本学（東北芸術工科大学）で教える馬場正尊をはじめ、ランドスケープ、建築構法、エネルギーなどの学科の教員と共に『未来の住宅 カーボンニュートラルハウスの教科書』（バジリコ、2009）を書いたことから始まる。本書では、地域の木材を利用し、林業から建設まで含めた大きな循環の中で、アウトプットとしての木造住宅、およびエネルギーをできるだけ抑えた住宅の可能性を著した。ひとことで言うと、本の帯にある「本当にエコな家はどんな姿をしているのか？ 追い求めた結果はシンプルな木造住宅だった」ということに尽きる。小さな経済と林業や住宅産業をセットにした考え方（下の図）だが、地域にとっても悪い話ではない。

山形県が環境省の補助を受け、環境省エコハウスモデル事業の一環として、東北芸術工科大学と連携し建設した「山形エコハウス」の建設は、この本の発売と同時に始まり、2010年3月に完成した。南からの日射を最大限に採れるように、庇の長さを調整した。また、重力換気を促すために、天窓の面積のシミュレーションを行った。

その結果、夏には日射を入れず、冬には日射を取り込む。また、窓を閉め切らない中間期（季節）には、室内に上昇気流が発生し、そよ風が流

森を中心とした循環
森の資源を活かし、それを産業化していく。木は製材になり、住宅をつくる。それが価値を生んで森に利益をもたらす。製材の過程で発生した廃棄物は薪として、直接的なエネルギーとなることで、資本を地域外に流出させない

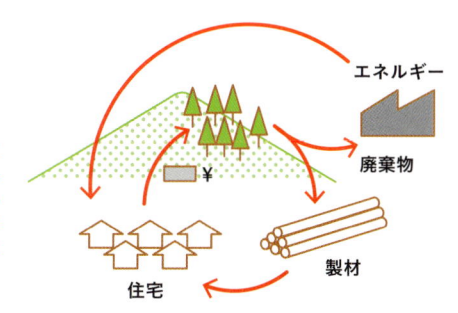

1. 断熱性の高いトリプルガラスの窓　2. 壁の断熱材は高性能グラスウール300mm

エコハウスは木でつくる。内装には杉材を多く使っている。杉の床は柔らかく傷つきやすいのが難点ではあるが、触感がとても繊細であたたかい

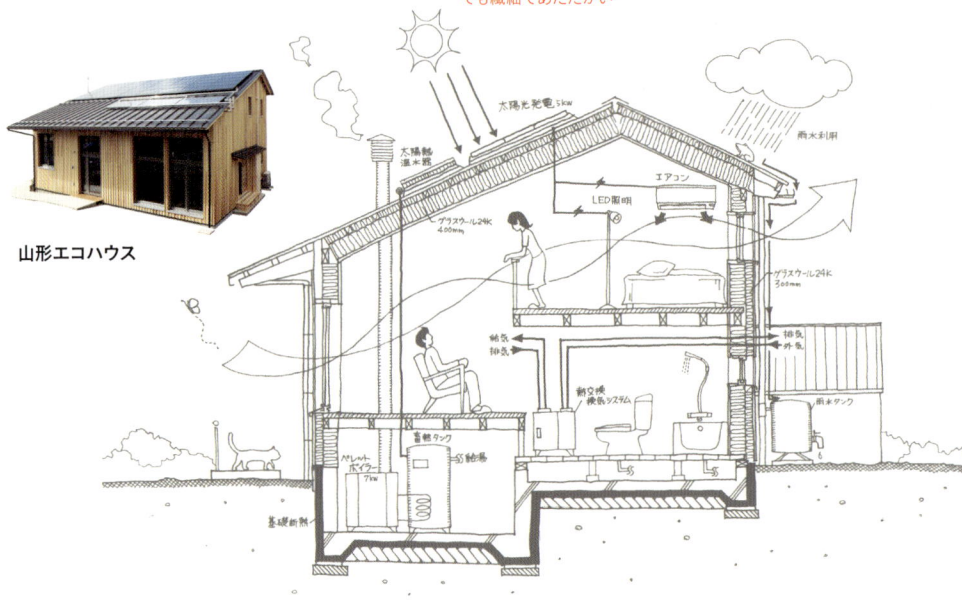

山形エコハウス

1. 電気のロスの実態

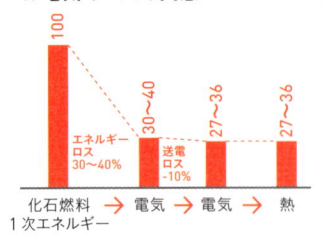

電気はその製造過程で投入する熱エネルギーの6割近くをロスし、さらに発電所からの送電によってもロスする。つまり電気はとても高価なエネルギーだと言える

2. 住宅におけるエネルギー比率
熱は熱で。電気は電気で。

一方、住宅におけるエネルギーの比率は暖房、給湯、家電とほぼ1/3ずつになっている

3. エコハウスによるエネルギー削減の方法

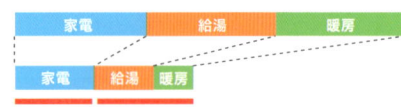

家電には電気を使わざるを得ないが、暖房と給湯のために必要なエネルギーは熱なので、高価な電気からではなく、直接熱を使ってつくりだすべきである。加えて住宅自体が太陽の力を使って電気や熱を自家生産するしくみを持てば、エネルギーをつくり出すための環境負荷がさらに削減でき、経済的にもメリットがある

れる家となった。また、不必要な熱の出入りをなくすために、断熱性能は万全である。断熱材は屋根にグラスウール400mm。壁に300mm、基礎の立ち上がりに発泡ポリスチレンフォーム150mm、基礎下100mm。窓はドイツ製木製トリプルサッシ、第1種換気扇を付けている。また、太陽光発電5kWh、太陽熱温水器と暖房と給湯を賄うペレットボイラの設備がある。断熱性能を表すQ値は0.7。年間の暖房負荷は30kWh/㎡程度となった。

結果として、「山形エコハウス」は消費するエネルギーよりつくりだすエネルギーのほうが多いプラスエネルギーハウスになった。震災直後、山形では全市で2日間停電した。通常の住宅では、暖房器具も使えず、寒い思いをしていた時でも、基本性能としての断熱が優れているので、室温が18℃を下回ることがなかった。もちろん、日射の取得がそれなりにあったことも、温度が維持できた要因のひとつではある。エコハウスは災害にも強いのである。

可能性を広げる高性能エコハウス

私たちの実践する高断熱高気密住宅に関しての誤解がある。ひとつは、高断熱高気密住宅は窓が小さく、日本の風土に合わないという誤解。もうひとつは気密された住宅は、私たちの健康にとって悪く、木材の乾燥状態も思わしくないという誤解である。

前者は窓の性能により大きく改善され、建物全体の断熱性能を上げても、開口部が小さくならなくなっている。断熱性能ばかりを上げると窓が小さくなりがちだが、日本本来の気候を考えれば、日射の取得、通風の確保は最も大事である。

後者の誤解は、気密層の役割がきちんと理解されていないことから生じていることが多い。気密層の目的はふたつ。ひとつは隙間風が入って来ることを防止すること。もうひとつは、冬期に室内で暖められた湿気を多く含んだ空気が壁の中に侵入し、外気に冷やされ、壁体内で結露をするのを防ぐことである。だから、この場合の気密層は壁の室内側に設けられる。壁体内で結露が起こってしまうと、壁の中に長年のうち

に水分が溜まって木材を腐らせる。そうなると家の寿命に関わる問題になるからである。ここまでの説明に対して気密層の嫌いな職人さんからは壁の中の湿気について、逆に壁の中にこもるのではないかと指摘されることがある。その指摘はその通りなのだが、湿気については壁の外側に通気層を設けて、通気しやすくすればよい。気密層の問題ではないのである。

　さて、エコハウスのような高性能な住宅の最大の特徴は、エネルギー面だけではなく、その快適さにもある。通常、体感温度は室温と周囲の表面温度の平均値で表される。夏期に壁や天井が室温より高い場合は、体感は室温より高くなる。また、冬季はその逆で、体感は室温より低くなる。その差が大きければ大きいほど不快だが、エコハウスではこれと反対に、夏期は木蔭のように涼しく、冬季は小春日和の縁側のような環境に近くなる。これは単なるイメージの問題ではなく、エクセルギー理論に基づいたものである。

次々に生まれるエコハウス

　さて、私が教鞭を執る東北芸術工科大学では、その快適さを普及したく、「山形エコハウス」に引き続き、一般生活者に向けてエコハウスの設計の業務を続けていくことにした。最初に計画されたのが、「HOUSE-M」である。基本的な考え方に変化はないが、コストを下げ、アフォーダブル（手に入りやすい）エコハウスの実現を目指した。「山形エコハウス」より、若干性能は下がるが、暮らし方の工夫や開口部、袖壁などの建築的な工夫でその差を感じさせない。断熱材の厚さは薄くなったが、エネルギー総量に関しては、あまり変わらない。実際に生活した結果を見ると、ほとんどゼロエネルギーハウス仕様となっている。

　右ページに掲載したグラフは、「HOUSE-M」の2月のある日の温度差。ストーブに火を入れるとなだらかに家中の温度が上昇していく。朝と夕方の2回だけの薪の投入で、極寒の山形でも快適な住空間となっている。

　こうした経験を踏まえて、大学ではさらに2軒のエコハウスの設計を

行った。また、このノウハウを活かし、「MUJI HOUSE」との共同研究を行い、新たなシリーズ「縦の家」のプロデュースに参加した。そしてさらに、天童でのエコハウスの性能を持つアパートの設計にも繋がっていく。(TEXT：竹内昌義)

庭にはデッキテラスにタープが加わり、快適な外部空間となっている。リビングの中心は薪ストーブ(HOUSE-M)

2012年2月の室温変動(HOUSE-M)

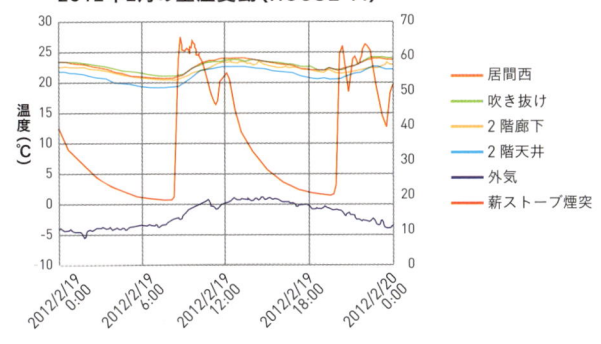

- 居間西
- 吹き抜け
- 2階廊下
- 2階天井
- 外気
- 薪ストーブ煙突

Profile

竹内昌義(たけうち まさよし)

1962年神奈川県生まれ。1987年東京工業大学修士課程終了。1990年竹内昌義アトリエ設立。1995年みかんぐみ共同設立。2000年から東北芸術工科大学に勤務、現在同校教授。主な作品に〈伊那東小学校〉、〈マルヤガーデンズ〉、〈最上町の老人ホーム〉。東北芸術工科大学での取り組みとして〈山形エコハウス〉、〈HOUSE-M〉、〈HOUSE-H〉、〈HOUSE-F〉、〈天童のエコアパート〉。著書に『未来の住宅／カーボンニュートラルハウスの教科書』(バジリコ、2009)、『図解エコハウス』(森みわとの共著、エクスナレッジ、2012)、『原発と建築家』(学芸出版社、2012)などがある。

TAKEUCHI Masayoshi

Born in Kanagawa prefecture in 1962. Graduated from Tokyo Institute of Technology in 1987. Established Masayoshi Takeuchi Atelier in 1990. Co-founded MIKAN in 1995. Since 2000 employed at Tohoku University of Art and Design, where he is currently Professor. Major works include Ina Higashi Elementary School, Maruya Gardens, and Elderly Home in Mogami. At Tohoku University of Art and Design he is involved in Yamagata Eco House, House-M, House-H, House-F, and Tendo Eco Apartment. Publications include House of the Future, A Handbook of the Carbon-neutral House (Basilico, 2009), Nuclear Power and Architects (Gakugei shuppansha, 2012).

07

三分一博志
SAMBUICHI Hiroshi

Review

三分一博志は、広島を拠点に活動し、2000年代に手掛けた住宅を契機に注目されるようになった。「エアー・ハウス」(2001)、「北向傾斜住宅」(2003)、「ストーン・ハウス」(2005) など、周辺環境を読み取りながら、しばしばスケッチで描かれるように、光、風、空気、地形の自然の要素を取り込む空間を創造する。とりわけ、断面のデザインが特徴だろう。神戸の「自然体感展望台六甲枝垂れ」(2010) は、一見すると不思議な造形だが、地下に天然の氷を貯蔵し、そこから吹き出る冷気が塔を上昇していく、自然の現象を反映したものだ。すなわち、彼は地球の一部として建築を構想している。また「三輪窯」(2002) では、コンクリートの型枠に用いた杉板材を建材としてリサイクルした。「犬島精錬所美術館」(2008) は、美術家の柳幸典と共同して銅の製錬所をリノベーションしたものだが、地産の石や煉瓦を利用しつつ、地中熱、季節ごとの風の流れ、水の循環システムを意識したデザインを行う。三分一は、場所が持つ環境の力を生かす21世紀の建築家である。(五十嵐太郎)

Based in Hiroshima, SAMBUICHI Hiroshi's houses began to attract attention in the first decade of this century. In Air House (2001), Sloping North House (2003), and Stone House (2005), he created spaces by incorporating natural elements such as light, wind, air, and topography, often drawn in sketches that interpret and incorporate the surrounding environment. It is probably his sectional designs that are most characteristic. Rokko-Shidare (2010) in Kobe, an observation deck from where one can experience nature, is a strange structure at first glance, but it reflects natural phenomena in the way that natural ice is stored below ground and cold air emitted from there rises through the tower. In other words, he conceptualizes architecture as a part of the earth. Furthermore, in Miwagama (2002) he recycled cedar boards that had been used as concrete formwork. For the Inujima Seirensho Art Museum (2008) he renovated a refineries in collaboration with the artist YANAGI Yukinori, but the design was made while bearing in mind earth thermals, the wind flows in each season, and the water circulation system, while using locally produced stone, bricks, and so on. Sambuichi is an architect of the future who makes use of the power of the local environment. (IGARASHI Taro)

エナジースケープ
"Energy-scape"

「北向傾斜住宅」は、北向斜面の特徴を利用することで、夏場は太陽光を遮り冬場は最大限に取り入れ、空気を自然の力によって流すことを目指してつくられた。外気の影響を受けにくくし、室内を安定した環境に保つために、壁のほとんどを地中に埋めるという発想にも驚かされる　©Sambuichi Architects

———

　私は独立して「地球を読むこと」を始めました。右ページの3枚の写真は、そのきっかけとなった「Running Green Project」が建つ浜辺の、1947年、1976年、1997年の写真です。

　その浜辺にある集落の自慢は美しい日本海と白浜で、同時に悩みはその海からの強い風によって運ばれる砂や潮などでした。

　人びとはその悩みであった風や波、砂の流れを抑えるために海に防波堤を築きました。すると自慢の砂浜が徐々にそのかたちを変え、消え始めたのです。そこで今度は、海中に砂の流失を抑えるための構築物を設置し、河口側への砂の移動を食い止めるため、河口堰を設けました。すると今度は河の流れが変わり、海が淀み始めてしまいました。また、地域の活性化や利便性のために道路を拡幅しようとし、防風防砂林も失われてしまいました。

　人間は常に人のために地球のディテールを変更してきましたが、いくら人のために地球を変えても、人のためにはならないという現実がそこにはありました。

———

　私が美しいと感じる島根県大井谷の棚田は、今からおよそ600年前の室町期につくられたと伝えられている。谷の地形を利用した水源を持つ大変美しい棚田であるが、当時の人々は谷の木々を伐採したり、地形を変形させるなど、この棚田をつくるために大規模な自然破壊をしたであろうと想像できる。

　しかし600年経った現在、私たちはその景色を美しいと感じている。なぜなら、水の流れを利用し、その速度や向きを調整し、粘土等を使って水を溜め、谷にころがる石を積み、高低差を棚状に形成しながら、風や太陽、小さな生き物などをうまく利用しているからである。

　そこにある素材を余すところなく利用しながら食物を生産し、人がその循環の中に溶け込んでいる。それは、私の考える人類がつくり出す理想のエナジースケープである。

（『JA』81号／2011年春号より抜粋）

「Running Green Project」は、山口県豊北町の海水浴場につくられた海浜施設。1.25mのスパンでヒノキのアーチが240mにわたり並べられ、木製のトンネルをつくりだしている。やがては草木が覆い緑のトンネルとなり休息と憩いの場となるという構想で設計された。日本海側からの風と砂を防ぐ防砂林の役目も果たしている。「Running Green Project」という名前は、緑の成長を手助けするプロジェクトを意味している

1.「Running Green Project」の敷地周辺の変遷写真
※国土地理院撮影の空中写真を元に作成
2. 10年を経た2011年の様子
©Sambuichi Architects

島根県吉賀町大井谷地区にある棚田。約600年前に開拓され、最盛期の江戸後期には1千枚以上、現在も630枚の石積みの田が残されている。周囲を山々に囲まれた山間に、幾重にも美しく重なり、独特の造形美をつくり出しており、「日本の棚田百選」にも選ばれている
©Sambuichi Architects

Chapter 3　エネルギーを考える　091

「犬島精錬所美術館」は、廃墟になっていた約100年前の銅の製錬所を、自然エネルギーによって美術館として蘇らせた作品。機械空調を全く使っていない

名称：犬島精錬所美術館
建築：三分一博志
アート：柳幸典
企画運営：公益財団法人 福武財団
©Sambuichi Architects

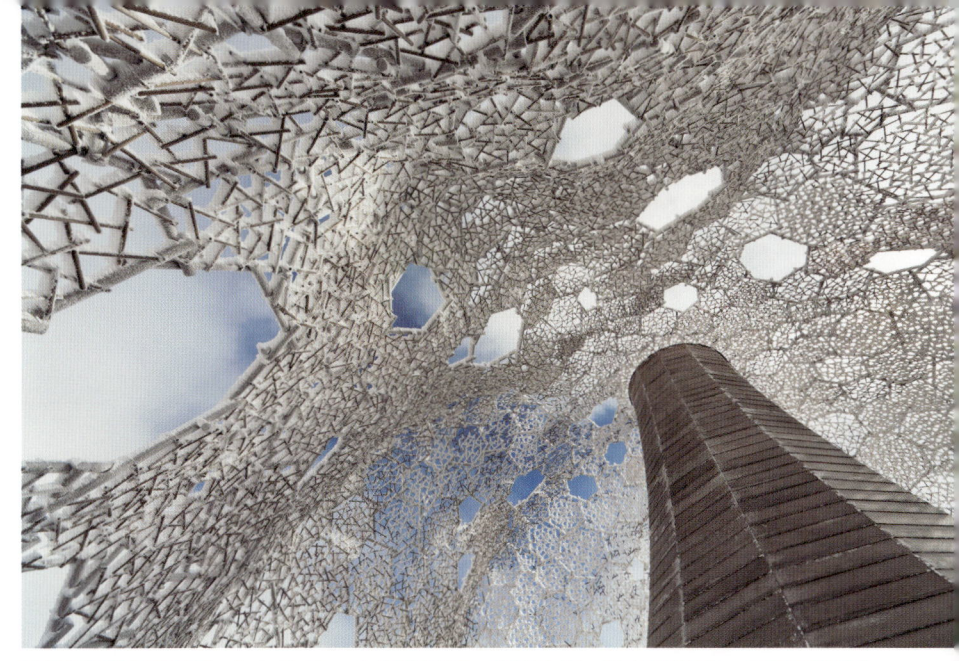

「自然体感展望台六甲枝垂れ」は、ヒノキのフレームが展望台を覆い、枝垂れをイメージさせる外観を持つ。六甲山の動く素材に導かれた姿形であり、気温・湿度・風速といった自然条件が揃うことで樹氷を纏うように設計されている
©Sambuichi Architects

宮島弥山山頂に建つ「弥山展望台」。特徴的なのは、2階の「座」の間。床面より一段高くなった縁側が設けられていて、靴を脱いでゆっくりと山頂の風や光、風景を楽しめる　photo: Shinkenchiku-sha
※この写真は、特別な許可をとって撮影したものであり、現在の状況とは異なります

Chapter 3　エネルギーを考える　093

すでにあるものを壊すのではなく、あるものを使えるならば利用していくということが、これからの日本で建築やものをつくる時には非常に重要です。あるものをどう活かすことができるのかというところからまずスタートするほうが望ましいと思います。あるものとは、単に既存の建物だけを言うのではなく、その場所にある風などの自然の要素についてもです。

　自分が設計を進めていく中で、人にとって身近にある建築の素材とは何かと考えたら、空気のような「動く素材」であることに気付いたのです。そこで、空気の密度や速度を変えることで建築をつくり出せないかと考えるようになりました。そこにあるものを活かす建築です。

　動く素材の速度の違いがつくり出す風景というものを意識することがとても大切です。その微細な環境の中で、さらに幅を狭めて環境をつくるという行為が私たちのつくっている建築だと思います。

　たとえば、建築をつくって風を遮るとか、室内に緩やかな風をつくるなどは空気の速度を変えるということだと思います。すなわち建築という行為は「動く素材」の速度を変える行為とも言えるのです。強すぎる風や波を緩やかにしたり、動かない風を動くようにするよう空気の速度を変える行為についてや、「動く素材」の速度がある条件ではどの程度がよいのかということを、設計をする時に常に考えています。自然と向き合うには動く素材と動かない素材の関係をよく知ることが大切です。

　その素材の動かし方は環境や機能によって、それぞれ違います。それぞれ違う条件の中で、その場所にある「動く素材」を使って建築をつくるのです。そうすることで地域特有の建築が現れるのではないでしょうか。

　そうしてつくられた建築は地球のエネルギー循環と一体となったものであり、それは言い換えると地球の一部であると言えるのではないでしょうか。同じアイデアや手法を持ち込むわけではなく、建築をつくる時にはいつもその場所の固有種というような、その場に適した固有の植

物のように建築をつくりたいと思っています。

　植物は地中にはエネルギーを交換するための根があり、地上には太陽の光を集める葉があります。そこでも地球のエネルギーの循環が行われていて、さらにそのエネルギーを求めて生き物が集まる。植物のようにその場に根ざした形態を持ち、エネルギーの循環が生まれていくような建築は、人も地球も認めてくれる建築だと思います。そのような建築を目指していつも設計をしています。

　多くの人は、近年の急激な経済成長の中で地球を知る、地を知るということを少しおろそかにしていたのではないでしょうか。

　現在地球上では様々な大きな災害が起きていますが、自分たちの住む地形がどうなっているのかを改めて認識された方も少なくないでしょう。

　常日頃から地を知ることが大事です。地を知ることで初めて「動く素材」への認識に繋がるのです。

（『新建築 2014年1月号』インタビューより抜粋）
※表記方法は、上記掲載文に準じています。

Profile

三分一博志（さんぶいち ひろし）

1968年山口県生まれ。東京理科大学理工学部建築学科卒業。小川晋一都市建築設計事務所を経て、三分一博志建築設計事務所設立。代表作に〈Running Green Project〉、〈エアーハウス／2003年吉岡賞 新建築社〉、〈犬島精錬所美術館／2010年日本建築大賞、2011年日本建築学会賞作品賞〉、〈自然体感展望台六甲枝垂れ〉（2010）、〈瀬戸内海国立公園宮島弥山展望休憩所〉（2013）など。現在デンマーク王立芸術アカデミー教授。

SAMBUICHI Hiroshi

Born in Yamaguchi prefecture in 1968. Graduated from Architecture and Building Engineering, Faculty of Science and Technology, Tokyo University of Science. After working at Shinichi Ogawa & Associates he established Sambuichi Architects. Notable projects include Running Green Project (2001), Air House (2001), Inujima Seirensho Art Museum (2008), Rokko Shidare Observatory (2010) and Setonaikai National Park Miyajima Misen Observatory (2013). He has received numerous awards including The Yoshioka prize (2003), the JIA Grand Prix (2010) and the AIJ Prize (2011). And now, he is adjunct professor at the Royal Danish Academy of Fine Arts, School of Architecture.

山梨知彦＋羽鳥達也＋石原嘉人＋川島範久（日建設計）

YAMANASHI Tomohiko + HATORI Tatsuya + ISHIHARA Yoshito + KAWASHIMA Norihisa (Nikken Sekkei)

Review

日建設計は、建築家の個人名を掲げたアトリエ系の事務所ではなく、多くの建築家や技術者が所属する大手の設計組織である。小さい住宅よりも、オフィスビルや大規模な施設を主に手掛けるが、一般的に極端な作家性を出しにくい。だが、近年は「京都迎賓館」(2005) が日本建築大賞を、「NBF大崎ビル」(2011) が日本建築学会賞（作品）を受賞した他、「ホキ美術館」(2010) などの作品によってデザイン性も注目されるようになった。またBIM（ビルディング・インフォメーション・モデリング）の技術を活用したデザインも重要である。CADは自由な造形を可能にしたが、BIMは、法規、設備、環境、材料、運搬、管理、コストなどの情報をデータ化し、各段階の関係者が共有できる統合的なシステムだ。NBF大崎ビルは、あらかじめコンピュータでエネルギーの流れや避難径路のシミュレーションを行ったうえで、設計した作品だ。「逃げ地図」もリスク計算の成果物であり、アウトプットはだいぶ違って見えるが、その根っこには事前のシミュレーションという共通した意識がある。
（五十嵐太郎）

Nikken Sekkei is not an atelier-style office that carries the individual names of the architects, but a major design organization to which many architects and engineers are attached. Rather than small private residences, they are mainly involved in such things as office buildings and large-scale facilities, usually making it difficult to identify the authors. In recent years, however, in addition to the Kyoto Guesthouse (2005), which received the Japan Institute of Architects Grand Prize, and the NBF Osaki Building (2011), which received the Japan Institute of Architects Prize (Works), and through projects such as the Hoki Museum (2010), their design qualities have also started to attract attention. Furthermore, designs that make use of BIM (Building Information Modeling) technology are also important. CAD enables free modeling, but BIM is an integrated system that turns information about regulations, facilities, environment, materials, transport, management, cost, and so on into data and that can be shared by the persons involved at each stage. The NBF Osaki Building was designed while simulations of energy flows or evacuation routes were carried out beforehand by computer. Evacuation maps are also a risk calculation and the outputs look quite different, but they are based in a common awareness of prior simulations. (IGARASHI Taro)

快適環境づくりと災害避難に、同じシミュレーション技術で取り組む。

Grappling with the same simulation technology to creating amenity and disaster refuges

NBF大崎ビルの東側外観。新幹線や山手線などから見えるメインファサード。140mの超高層でありながらバルコニー付きのオフィスはめずらしいが、これは9.11同時多発テロで発生したWTCの火災で、たくさんの人が火にあおられて飛び降りて亡くなった悲劇を教訓に、より安全性が高い超高層オフィスを目指したことがきっかけである。これにより実質的な避難安全性能を高め、高所で働く際の潜在的な不安感を軽減している。ファサードを覆うバイオスキンと名付けた陶製のルーバーは、貯留雨水を循環させ、その気化熱で空気を冷やし空調負荷を軽減しつつ都市のヒートアイランド現象を抑制する

求められる環境性能と災害時安全性の両立

私たち日建設計が設計した「NBF大崎ビル（旧ソニーシティ大崎）」は設計の過程において、BIM（Building Information Modeling）や環境シミュレーション技術を多用し、環境性能と災害時の安全性の高さの両立を目指した建築です。

BIMは建設される設計情報を一元管理する技術で、空間を常に3Dでも2Dでも表示でき、多人数でもブレのない空間像の把握と共有が可能です。各種環境シミュレーションは、将来建設される空間の環境を、光や温度、音などにおいて具体的に予測、可視化し、共有することを可能にします。

性能設計というフェーズが建築設計にも存在しますが、これは現在までの観測データなどから、将来起こりうる地震や強風を想定し、構造の強度やガラスの厚みなどを決定する手法です。将来のリスクを想定し、必要な性能を設定するという職能が、こうしたITの進歩により、より広範かつ詳細に行えるようになってきているのです。

一方、「逃げ地図」は、津波リスクの把握のため、避難時間という通常見えないものを可視化し、避難計画や避難施設の配置を考えるための地図です。この将来を見据え、未来をより具体的に考えるという点は、震災を経て建築設計という職能の新しい展開を示したと言われています。

本稿では、まずNBF大崎ビルの設計において、こうした新しい技術によって実現した代表的な部分について詳細に述べ、後に逃げ地図との関係を述べます。

シミュレーション技術が可能にした先進的な環境配慮型建築

世界的な企業のエンジニアが集う研究開発型オフィスとして企画されたNBF大崎ビルですが、同時に先進的な環境配慮型建築であることも求められました。

そこで、われわれはまず気持ちよく働けて、高い知的生産性を維持

できる空間を、より少ない環境負荷で運用できる建築にするという目標をソニーと共有しました。エアコンの温度設定を上げて我慢して働くような環境配慮は、仕事の能率を下げ、長時間労働を助長し、結果的に環境負荷を低減しない可能性があることが、数々の調査や研究で示されていたからです。

　知的生産性の向上のためには、働く人の間に交流が生じやすく、商品開発の進行に従い離合集散が速やかに行える一望性が高い空間がふさわしいと考え、邪魔な柱を外に出したアウトフレームのワークプレイスを中心に計画を進めました。また、9.11同時多発テロによるWTCの火災で多くの人々が飛び降りた悲劇を教訓に、超高層でも安心して働ける場とするため、通常、オフィスでは設けないバルコニーを周囲に設けました。

　また130m×23m、約3千㎡のワークプレイスに対し、東西南北の方位に対して各々の諸条件に適応した外装を計画しました。

　西側には西日除けとして、エレベーター、階段、トイレなど非居住ゾーンを配置しました。その外壁は、近隣への反射光害を抑制するようシミュレートし、窓のかたちや配置を決定しています。

　そして東側はバイオスキンと名付けた新開発の陶器のパイプを、バルコニーの手すり代わりに設置しました。これは屋上で集めた雨水を、南側に日除けを兼ねて設けた太陽電池パネルからの電力で高保水性の陶器内に循環させ、その表面にしみ出た水が気化する際の気化冷却効果を利用して、冷房負荷を低減しながら、同時に打ち水のようにまちも冷やすという新しい建築の外装です。近年、社会問題化しているヒートアイランド現象を抑制する効果も持っています。

　しかし、水が循環する外装がこれほど大きい建築に採用された例は今までありません。そこで、サンプルでの気化実験及び温度の実測結果などを基に、大規模建築に実装した状況をコンピューター内でバーチャルに再現し、果たして周囲の気温が低下するほどの気化冷却が起こるのかを確認し、さらにドライミストなど他の技術と詳細に費用対効果を比較し、その妥当性を共有することで採用に至ったのです。

最適植樹を可能にする種まきプログラム

ヒートアイランド現象の抑制には緑地を増やすことも有効です。NBF大崎ビルのランドスケープは、より効果的なクールスポットとなることと、樹木が瑞々しく茂り、より表情豊かな緑地となることの両立を目指し、樹木の最適配置を導き出す「種まきプログラム」を開発しました。

　大きな建物になるほど周囲の環境には差が生じます。「種まきプログラム」は日当たりの良し悪し、風の強弱など、条件の差に適応する樹木配置にしつつ、樹木間の距離について、樹種に従って適切な根の領域を確保するようにボロノイ分割を行うプログラムです。これにより、適した環境に植えられた樹木は枝葉を茂らせ、陰をたくさんつくることで、より涼しい冷気を生み出す緑地に成長していくのです。

　また、立地の卓越風や、地形に沿って遡上する海風が後背地に流れるように配慮することも重要です。建築全体の配置、形状による気流の違いをシミュレーションにより確認し、同じ面積で海風を遮らないかたちは板状であることが分かりました。これなら先ほどの緑地も海風に沿って設けることができ、バイオスキンの気化冷却もより促進させるので、さらに効果的です。細長いオフィス形状が別の評価軸でも合理的であることを示していました。ひとつの形態が複数の合理性を備えていることが、環境シミュレーションによってより具体的に理解できたのです。こうして実現した建築は、快適で働きやすく、巨大な樹木のように周辺を冷やす、利他的な性質を持った建築になりました。

　超高層のバルコニーやバイオスキンなど、目新しいものが合議を重んじる企業内で多数の合意を得るには、BIMやシミュレーションによる裏付けや、可視化が欠かせませんでした。こうした技術によって、設計者もクライアントも前例のない先進的な手法を客観的に吟味でき、安心して採用することができるようになります。設計には、多くの関係者の納得や合意形成を促すノウハウもとても重要だと気付きました。

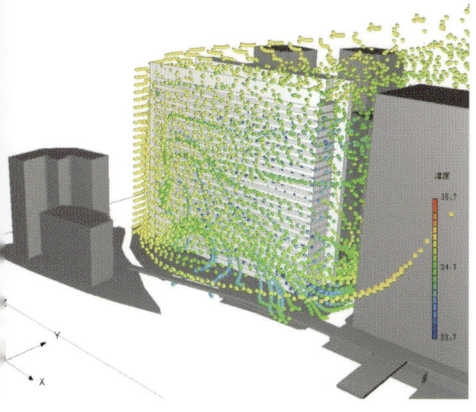

バイオスキンによって周辺空気の温度が2℃程度低下し、下降気流となって歩行域を冷やすことをシミュレーションで確認

構造をアウトフレーム化することで設けたバルコニーは、日除けや避難経路になり、ガラス清掃や設備の拡張のためのスペースにもなる。手すりを兼ねたバイオスキンは都市を冷やす「すだれ」にふさわしく、繊細なテンション構造で支持する架構形式とした

西側にはワークプレイスに入射する西日を遮るために、廊下、エレベーター、階段、トイレなどを配置し、外壁は近隣への反射光害を抑制するようになっている。バーコード状の黒いスリットはガラス窓で、照明に頼りがちなスペースに自然光が入り、省エネかつ非常時にも安心な計画。この窓の配置は、西日による反射光害が生じないよう、反射する光を小さく細分化するようシミュレートして配置を決定している。塗料も鈍く反射するように粒度の大きいメタリック塗装を採用した

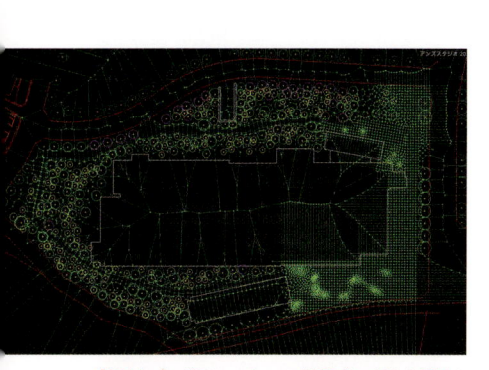

「種まきプログラム」によって、樹種ごとに適した環境と必要な根の領域を確保できる間隔に最適配置する
協力：アンズスタジオ

Chapter 3　エネルギーを考える

リスクはシミュレーションで変えられる

では次に、もうひとつのシミュレーションプロジェクトである「逃げ地図」について述べてみましょう。震災直後に被災地では、被災者の方々が漠然とした不安を抱え、復興のための話し合いもままならない状況でした。そして、余震もまだ激しい中、行方不明者の捜索や瓦礫の撤去のため、沿岸部での作業を余儀なくされていました。しかし、それは再び来るかもしれない津波によって、残った家族をも失う危険をはらんでいました。親しくなった被災者の方たちとの会話から「それだけは絶対に避けたい」という強い思いが読み取れました。

そうした被災者の不安を解消したいと考え、再び津波が来た時の避難場所とルートを提示することを目指しましたが、私たちは地域の安全な高台はどの高さかも、そこに辿り着くためのルートも、必要な時間も分かりませんでした。実は逃げ地図は私たち自身が、知らない土地のリスクを把握するために考えた、リスクを可視化する手法だったのです。

今や、逃げ地図は住民と共同制作するワークショップを通じて、気仙沼市や陸前高田市などの復興地や、鎌倉市、下田市など未災地でも浸透し始め、逃げ地図を手掛かりに、避難ルートの情報共有や、高台へのルートを開拓する地域活動も行われています。逃げ地図は、「前提となるリスクは自分たちで変えていける」ということに気付かせてくれます。そして、変えられると気付くことが能動的な活動を誘い、安全なまちづくりに関心を持つプレイヤーを増やすのです。逃げれば助かった人が多くいたことを想い起こせば、逃げ地図と、それを作成することは、悲劇を減らすひとつの重要な鍵となるはずです。

3.11や9.11の悲劇に少なか

避難シミュレーションソフト「シムトレッド」を逃げ地図用にカスタマイズした画像　協力：A&A

らぬ影響を受けた逃げ地図とNBF大崎ビルの共通点は、その社会や地域に潜む問題や欲求を見過ごさず、当事者の切実な一次情報に触れ、その現象の背後にある関係性を読み解き、その状況に適した合理性を獲得すべく、最高の技術を駆使して「成功の証明」を提示するという、愚直で最も基本的な態度のようにも思えます。

　しかしこの態度こそ、関東大震災などの悲劇を次の時代に生かし、悲劇を悲劇のままにしなかった建築の先人たちの志を受け継ぐものなのではないでしょうか。（TEXT：羽鳥達也）

写真左から／山梨知彦、羽鳥達也、石原嘉人、川島範久

Profile

山梨知彦＋羽鳥達也＋石原嘉人＋川島範久（日建設計）

日建設計は1900年に設立した住友本店臨時建設部を起源とし、創業から110年以上続く国内最大規模の建築設計事務所。東京タワー、東京ドーム、関西国際空港旅客ターミナルビル、京都迎賓館、東京ミッドタウン、東京スカイツリーなど誰もがよく知る大規模開発から、中小規模建築や都市計画まで多種多様な実績を持つ。

山梨知彦（設計部門代表）、羽鳥達也（設計部主管）、石原嘉人（設計部）、川島範久（当時設計部／現在、東京工業大学助教）の4名が担当したNBF大崎ビル（旧ソニーシティ大崎）はバイオスキンという大規模建築では例を見ないまちを冷やす外装の開発や、高度な免震システム、設備更新性の高い計画などが新しいオフィスの方向を示唆するとして高く評価され、2014年度の日本建築学会賞を受賞した。

YAMANASHI Tomohiko+HATORI Tatsuya+ISHIHARA Yoshito+KAWASHIMA Norihisa (Nikken Sekkei)

Nikken Sekkei began as the Sumitomo Eizen in the Temporary Building Division of Sumitomo Headquarters, which was established in 1900. And now, Nikken Sekkei is a large-scale Japanese architectural design office with a continuous history of more than 110 years. It has a wide variety of achievements from well-known, Iconic developments such as Tokyo Tower, Tokyo Dome, Kansai International Airport passenger terminal, Kyoto Guesthouse, Tokyo Midtown, and Tokyo Skytree, to medium- and small-size architecture and urban planning projects. The NBF Osaki Building (formerly Sony City Osaki), designed by YAMANASHI Tomohiko (design department principle), HATORI Tatsuya (design department chief), ISHIHARA Yoshihito (design department), and KAWASHIMA Norihisa (formerly design department, currently assistant professor at Tokyo Institute of Technology), was highly acclaimed for its suggestion of a new trend in offices with the development of bioskin (a cooling exterior cladding hitherto unseen on large-scale buildings), an advanced seismic isolation system, highly modifiable facilities design, and so on. It was awarded the 2014 Architectural Institute of Japan prize.

Chapter 4

使い手とつくる

建築家は住宅を設計する際、使い手とじっくり話し合いながら設計を進めます。ところが設計の対象が公民館や図書館や美術館など公共的な施設になると、急に使い手と共に考えることが少なくなります。使い手が不特定多数になるため、どのように意見を集約すればいいのかが分からなくなるのです。その結果、市長や市役所の担当者など、ごく一部の人たちと話し合いながら設計を進めることになります。しかし、最近は公共施設の設計でも使い手と共に考えようという動きが広まりつつあります。そのほうが使い手の意見が反映された建築物になりますし、愛着も高まります。その結果、完成後に積極的に活用してもらえるからです。その時、不特定多数の使い手の意見をどう集約するのかについて工夫が必要になります。話し合いを何度も繰り返して空間を少しずつ変化させたり、要望に応じた空間をすべて模型で示してみたり、コミュニティデザイナーと協働して使い手の意見を集約したり、SNSなどを駆使して潜在的な意見を引き出したりと、建築家ならではの発想によって意見を設計に反映させていくのです。この章では、そうした公共施設の設計を使い手と共に考えている建築家の取り組みを紹介します。(山崎亮)

Chapter 4 | Making with users

When an architect designs a house, the design is developed through in-depth discussions with the future users. However, when the subject of the design is a public facility such as a community center, library, or museum, they suddenly do much less thinking together with the users. Because the users have become an unspecified large number of people, it is unclear how best to obtain a consensus of opinion. As a result, the design will be developed while discussing it with only a very small group of people, such as the mayor or municipal officials. However, recently in the design of public facilities there is a growing movement toward thinking together with the users. This is intended to lead to a building that reflects the opinions of the users, attracts the affection of the users, and is used proactively by the users after completion. Ingenuity is required to reach a consensus of opinions of the unspecified large number of users. By techniques such as gradually changing the spaces through repeatedly engaging in discussion with the users, trying to show the entire space by means of models when requested, collaborating with community designers or integrating the opinions of the users, and drawing out the latent opinions of users by freely using such things as SNS, the users' opinions are reflected in the design as conceptualized by the architect. This chapter introduces the efforts of architects who collaborate with the users on the design of public facilities. (YAMAZAKI Ryo)

新居千秋
ARAI Chiaki

Review

新居千秋は、使い手とのワークショップを通して設計する建築家である。1970年代にアメリカの大学でローレンス・ハルプリンらの講義を取り、ルイス・カーンの事務所で働いた後、イギリスに渡ってG.L.Cで都市づくりの仕事に携わった。1980年代からは世田谷や横浜で公共のプロジェクトを手掛け、1995年の黒部市国際文化センター「コラーレ」はポストモダン的な造形と同時に、各施設の複合と空間の相互浸透を実現している。大船渡市の「リアスホール」(2008) は、膨大な回数の使い手とのワークショップを通じて、力強いデザインやプログラムを決定し、東日本大震災後は避難所として大活躍したことも特筆される。近年の由利本荘市「文化交流館カダーレ」(2011) や「新潟市江南区文化会館」(2012) は、「リアスホール」の試みをさらに展開させており、都市の街路を歩くような内部空間を持つ。ワークショップではシンプルな箱型から始まり、住民の意見を吸収しながら、複雑化させていく。両者は旧施設の建て替えに伴い、点在する異なる施設をひとつにまとめたものだが、コンパクト化と複合化は、現在の地方都市における効率的な公共施設の運営にも寄与するはずだ。(五十嵐太郎)

ARAI Chiaki is an architect who designs through workshop with users. In the 1970s he studied under Lawrence Halprin at the University of Pennsylvania, and after having worked at the office of Louis Kahn, he went to the UK and became involved in urban planning at the G.L.C. In the 1980s he was involved in public projects in Setagaya, Yokohama, and elsewhere. While the 1995 Kurobe International Culture Center "Colare" has a postmodern form, it is at the same time an implementation of spatial interpenetration and the aggregation of each function. The Rias Hall (2008) in Ofunato has a bold design and program, both of which were determined through large and frequent workshops with its users, and it deserves special mention for having been well used as evacuation center after the Great East Japan Earthquake. The Yurihonjo City Cultural Center Kadare (2011) and Konan Ward Cultural Center Niigata (2012) are further developments of the experiments of the Rias Hall, and have interior spaces that resemble urban pathways. At the workshops, he started with simple boxes that became more complicated as they absorbed the opinions of the citizens. Both projects involved a replacement of old facilities and were at the same time a gathering and unification of different, scattered facilities, but making them compact and complex also contributes to the effective management of public facilities in regional cities nowadays. (IGARASHI Taro)

まちの人や風土と
対話しながら、
居心地のいい
建築をつくる。

Making comfortable architecture through dialogues with the people and climate of the town

2011年、日本海に面した秋田県由利本荘市にできた「文化交流館カダーレ」。市民と一緒につくったことで、人口8万5千人のまちで、年間来館者数60万人を数える成功的な市民ホールとなっている

Chapter 4　使い手とつくる

喚起／歓喜する建築をつくるために

私は1971年の卒業設計のとき以来、40年余りに渡りずっと人とコミュニケーションを取りながら建築することを考えてきました。そしてこれからも考えていくつもりです。

その理由は、建物、特に私がよく建築設計に携わる公共性のある建物は、地域の人たちの文化運動の一環としてつくることが大事だと思うからです。

たとえば、私たちの建物は大きいものは、長くて10年くらいかかってつくりますが、私たちは建物をつくりだす前に、まずワークショップを開いて、そのまちを市民と一緒に調査して、誇りに思うものを探したり、近くの建物を見て回ったりして、そのまちらしいプログラムをどうつくるかなどについていろいろ考えます。つまり地域の人たちと十分なコミュニケーションを取るのです。

その後、そうしたことを集約して設計や建築を行うのですが、完成後、ワークショップに参加した人たちはかつて自分が調べ、考え、見て、つくったものを、現実として自分たちが使うことになります。その喜びと完成した建物への愛着、そしてそれを使いたいという欲求は、自分の知らないうちにできていた、つまり自分とコミュニケーションがないままにできあがったホールに比べると、計り知れないほど大きいものではないでしょうか。

さらに、ワークショップに20歳前後で参加した若者たちなら完成時には30歳くらいとなり、ホールの様々な運営や活動などへの参画をすることになりますし、30代だった人はホールを使って子どもたちの世代と老人たちの世代をどう繋ごうかと考えるでしょう。50代や60代の

北面から見た夕刻の「カダーレ」。モニュメントの機能も果たせるようなデザインにしている

人は子孫のことを思い、自分たちの死後にも残るホールにどんな貢献ができるかを考えるはずです。こうした愛情ある世代間コミュニケーションの連鎖を、私は「Cultural Sustainability 文化的持続可能性」と呼んでいます。さらに、こうしたプロセスを経て生まれ、愛情を持って運営される建築のことを「Architecture for Arousing 喚起／歓喜する建築」と呼んでいます。

ワークショップなどのプロセスが、単に建築の形態を生み出すだけではなく、文化活動をも生み出し、建築自体を地域のニーズに基づいた多機能の施設につくりあげるのです。そして、こうした施設が地域にあることが、その地域を居心地のよい素敵な場所にするためにはとても大事です。

このようなわけで、私は使い手とコミュニケーションを取りながら建築をすることで、「喚起／歓喜する建築」と「文化的持続可能性」をつくり出すやり方を今後も続けていこうと思うのです。

ワークショップで建物のエンディングを変える

ワークショップを通して地域の人々が実際に新しいプログラムづくりに参画していくプロセスは、映画の脚本づくりと似ています。同じデザイン・スクリプト（デザインのための脚本）を共有し、建築家は監督として、矛盾もあるような条件に適応して空間を生み出していきます。

この設計手法では、建築家は特定のかたち、特定のアイデアにこだわらず、何かぼんやりとした中から、建築＝空間の型を理解する力が必要です。そしてデモクラシーで決める部分と、建築家が決めるべき部分とその時期を明確に理解することが求められます。それは均質で様式化されたプログラムやダイアグラムで量産形成される近代的な空間とは違い、その場その場で求められる不均質な条件をハンドリングできる建築の手法と、それを許容できる空間の質、型を必要とする脱近代的なプロセスからつくられる空間となります。

ワークショップによって建物をつくると、最近の映画のようにエン

1. 市長はじめ自治体には、50分の1模型を使って説明を行った
2. プレイベントとして模型展示を行い、広く市民に情報提供した
3. 秋田県立大学の授業と連携して、モックアップパネルで行っていた越冬実験の見学会を開催

「カダーレ」の大ホールホワイエ。開放感とスタイリッシュ感を融合させて、まちの人が誇りに感じる象徴的な空間をつくった

ディングに様々なバリエーションが生まれます。たとえば英雄が死ぬ、英雄は生き残ったがひとりで去る、生きて彼女と去る……といったふうです。これがワークショップによる建築のもうひとつの特徴でありメリットです。

　というのは、人がやわらかに集うための建築は、初めにかたち（エンディング）ありきではいけないと思うのです。BIM（Building Information Modeling）やアルゴリズムのように自動的に建築＝箱のかたちが決まったり、最初に箱やシステムだけつくって後で機能を入れるやり方だけでは、よい「集いの建築」はつくれません。つまり、どこか混沌としていて曖昧で割り切れていないほうが人に愛され、長く地域の人々の心の拠りどころになり、地域創造の場となるものです。ですから、つくるからには地域の人々の心の拠りどころにならなくてはならないし、地域創造の場にもなるべき市民ホールなどの建築にとっては、ワークショップなどで紆余曲折しながら着地点を探す方法が合っていると思うのです。

1年に人口の7倍の来館者があるホール

　秋田県の由利本荘市に、2011年12月竣工した「文化交流館カダーレ（以下カダーレ）」は、しつこいと思われるほどワークショップを繰り返してつくった市民ホールです。

　由利本荘市は、秋田県南部にある日本海に面した人口約8万5千人の地方都市です。鉄道で行くと東京から5時間ほど、秋田からも1時間ほどかかる、交通の不便な所にあります。1年のうち4か月間は雪に閉ざされ、人口減少と高齢化にも悩まされています。

　私はプロポーザル・コンペで設計者に選ばれた後、まずワークショップを開くことから、カダーレの設計を始めました。

　そのプロセスは割愛しますが、結果としては、人口8万5千人のまちで1年間に60万人の来館者数を数える、自他ともに認める「地域に愛される建物」になりました。

　その成功の理由は、ワークショップを経て、「催しのある時にだけ来

1. 物産館「ゆりぷらざ」。特産品だけでなく、日用品や酒類の販売も行っているので、地元の人の来店も多い
2. 観光情報案内コーナーは、いつでも誰でも使える多目的で便利なスペース
3. 核家族や単身世帯が助け合い、交流するための場のひとつとなっている料理教室の風景

る市民ホールではなく、いろいろな人がいろいろな時に、いろいろな用途で使える、多機能コンパクト型の施設にすることがよい」と分かり、そのように設計したからです。

　たとえば、館内には特産品だけでなく、日常的な食べ物も売っている物産館が入っていて、そこで買ったお弁当やお酒を館内の無料スペースで楽しむことができます。高校生たちは、ここで2〜300円の食べ物を買って友達とおしゃべりしながら汽車の時間を待ちます。図書館や市役所の出先機関も併設されていますので、日常的にこの建物を利用する人も少なくありません。

　その他にも、みんなで料理をしたり、囲碁や将棋のゲームが楽しめたりもしますし、ファミリーサポートゾーンには、地域の人たちと何日も秋田の評判の良い施設を見て回ってつくった子どもの溜まり場所があります。ここには授乳室やトイレもあり、また子どもがいない時は大人が休憩室として使えます。屋外テラスに面した創作テラスでは染色や編み物ができるようになっています。屋外テラスでは家族やご老人方と食事をすることもできます。これによって今より少しコミュニケーションのあった時代へと戻ることができることでしょう。また和室や茶室など、和の文化や楽しみを味わうための空間もあります。

　日本ではもうすぐ老人が人口の3分の1になろうとしています。老人は車に乗って遠出をすることができにくくなります。また、ひとり暮らしが多く、友人も減り、他の人と話す機会が少なくなります。

一方で、地方に住む若者には、東京には2km以内に楽しいことがいっぱいあるのに、ここには楽しめるスポットが少ないうえに分散していて、アクセスも悪いという不満があります。

　こうした悩みや不満を抱えた地方都市の人たちにとって、コンパクトで、一日中いられる場所やキャラクターのあるカダーレが、いかに幸福感をもたらしたかは、先述した年間来館者数60万人という数字にも、市民の人気投票で、鳥海山、城跡についで好きな場所ベスト3にカダーレが入るようになったことにも表れています。

　「とびっきり居心地のいい建築をつくりたい」という私の志をかたちにするための重要なツールであるワークショップ。そのワークショップに、私は、47年前、武蔵工業大学（現 東京都市大学）の研究会で出会いました。半世紀にわたるワークショップの悲喜こもごもについては、またの機会にぜひ披露したいと思っています。（TEXT：新居千秋）

Profile

新居千秋（あらい ちあき）
1948年島根県生まれ。1973年ペンシルベニア大学大学院芸術学部建築学科修了後、ルイス.I.カーン建築事務所、G.L.C.（ロンドン市テームズミード都市計画特別局）を経て、1980年に新居千秋都市建築設計を設立。主な作品に〈黒部国際文化センター コラーレ／1996年日本建築学会賞（作品）他〉、〈横浜赤レンガ倉庫／2004年日本建築学会賞（業績）他〉、〈大船渡市民文化会館・市立図書館 リアスホール／2009年日本建築大賞 他〉、〈由利本荘市文化交流館 カダーレ／2014年第55回BCS賞他〉。著作に『喚起／歓喜する建築』（TOTO出版、1999）などがある。

ARAI Chiaki
Born in Shimane Prefecture in 1948. Graduated from University of Pennsylvania in 1973. Worked at Louis. I. Kahn Architects and Greater London Council. In 1980, established Chiaki Arai Urban & Architecture Design. Major projects are Kurobe City International Culture Center Colare / The Prize of Architectural Institute of Japan in 1996 etc., Yokohama Red Brick Warehouse / The Prize of Architectural Institute of Japan in 2004 etc., Ofunato Civic Cultural Center and Library Rias Hall / Grand Prix of Japan Institute of Architects in 2009 etc.

工藤和美+藤村龍至+東洋大学
ソーシャルデザインスタジオ

Review

工藤和美は、「シーラカンスK&H」のパートナーであり、ワークショップを通じた学校建築の設計を得意としている。藤村龍至は、超線形プロセス論や批判的工学主義を提唱する、理論派かつ社会派の若手建築家だ。両者ともに東洋大学で教鞭を執り、鶴ヶ島市と養命酒製造と大学が一体となる建築学科のプロジェクトとして、川越キャンパスの近くにある「鶴ヶ島太陽光発電所・環境教育施設」を実現させた。これはパブリック・ミーティングによる参加型の設計システムが特徴的である。まず学生が様々なパターンの模型をつくり、それに対して住民が投票を行う。その結果と意見を反映しながら、次の段階の模型制作と投票を繰り返し、集合知を加算しながら、最終のデザインに収束させていく。専門的な意見が言えなくても、どれかの案に投票するという開かれたシステムは、多くの人を参加しやすくさせるだろう。こうした新しいかたちの市民参加は、藤村が自身のプロジェクト、教育、展覧会において実験的に試みてきたデザインの手法を発展させたものだ。
(五十嵐太郎)

KUDO Kazumi is a member of Coelacanth K&H Architects, and specializes in the design of school buildings through workshops. FUJIMURA Ryuji is a young architect who is also a theorist and a social thinker, and advocates notions such as supralinear process theory and critical engineering-ism. Both of them are teaching at Toyo University, and they have established Facility for Ecology Education located in the vicinity of the Kawagoe Campus as an architecture department project that is a collaboration between Tsurugashima city, Yomeishu Seizo Co., and the university. This is characterized by a participatory design system based on public meetings. The students first make models of various patterns, then citizens vote on them. While influenced by the results and opinions, the next stage of models are made and again voted on, converging on a final design while listening to the wisdom of crowds. This open system for voting on a certain proposal even if they are not able to comment in an expert manner. This new form of citizen participation has developed out of the experimental design methods attempted in the design problems Fujimura sets in his own projects, education, and exhibitions. (IGARASHI Taro)

縮小を集団で設計する。
Group design at a small scale

第1回パブリック・ミーティングに向けて学生10人がそれぞれ学内でプランを検討し、「最初の10案」を提案した時の様子。テーブルに置いてある多数の模型は最初の10案に至るまでのプロセス模型。この最初の10案に対して意見交換と投票を5回繰り返してプランを統合し、最終案が決定した

Chapter 4 使い手とつくる

鶴ヶ島プロジェクト
―― 設計教育と社会実験の接続

「鶴ヶ島太陽光発電所・環境教育施設」は、都心から急行で40分、人口7万人ほどの小さな郊外都市、埼玉県鶴ケ島市の住宅地に建設された太陽光発電施設に付属する環境教育施設である。再生可能エネルギーを中心とした環境教育、防災、地域活性等を主な機能として企画され、工藤和美と藤村龍至（筆者）が指導を行う「東洋大学ソーシャルデザインスタジオ」が設計を担当した。

もともと東洋大学では学生向けの演習課題として川越市、朝霞市などで地域連携型のプロジェクトを設定していたが、2011年度から鶴ヶ島市の公共施設を対象とするようになっていた。最初のうちは市から図面などの情報提供を受けたり、施設見学やヒアリングを行うなどの協力を得るような関係であったが、せっかくたくさんの学生が半年もの間、多大な労力を投入するのだから、架空の提案を量産するよりも、より行政上の課題に近付けた具体的な提案をしようということになっていった。

行政上の課題とは、公共施設の老朽化対策である。鶴ヶ島市では高度成長期に生産人口が大量流入したために急速に高齢化が進行しており、将来的に財政難が予想されるにもかかわらず、施設の統廃合には反発が予想される、という典型的な郊外都市の状況に直面していた。そこで2012年度の「鶴ヶ島プロジェクト2012」では「学生が行政の公開情報を基に維持可能な床面積を予測し、公民館機能を複合した小学校施設の設計を地元住民と共に行う」という設計課題が提案された。

行政当局が緊縮財政を理由に計画を提示すると角が立つこともあるが、学生の演習課題という前提であれば関係者も議論に参加しやすい。課題作成、会場設定、住民への呼び掛けなど市の全面的な協力のもとプロジェクトは実行に移され、地元住民の積極的な協力を得て大いに盛り上がり、全国的な課題となっているインフラの老朽化対策を住民参加によって議論する先進的な取り組みとして様々な媒体に取り上げられることとなった。

集団設計と模型

ちょうどその頃、鶴ヶ島市内である小さな建築の企画がスタートしていた。2013年夏、養命酒製造の工場跡地に太陽光発電所が設置されたが、住宅地に隣接する土地で大規模太陽光発電を行う事例は少なく、周辺住民と良好な関係を維持したいという養命酒製造側の意向もあり、地域還元のための施設が企画されたのだ。市民協働による地域活性化を模索する鶴ヶ島市としてもこれを歓迎し、地域住民と協働して設計を行うために鶴ヶ島市から東洋大学建築学科へ協力依頼があった。

大学ではこれを受け、大学院生向けの授業の演習課題として取り組んだ。当初の要求は　①敷地面積を500㎡未満とすること　②建築本体を180㎡程度とし、展示用と講義用の2室を設けること　③敷地形状は特に指定なし、というように漠然としていた。大学院生を中心としたメンバー10名が10通りの案を作成するところから設計をスタートし、パブリック・ミーティングで10通りの案を来場者に向けてプレゼンテーションし、意見交換を行った後に投票を行うという作業を5回繰り返した。

建築に関わるワークショップのうち、住民ワークショップで言葉だけをまとめ、かたちは建築家が与えるという2段階のプロセスを踏んだ場合、討議の結果は抽象的な言葉でまとめられてしまうことも多い。最終成果物としての建築は必ずしも討議の内容を正確に反映していないのに、何となく参加したような気分だけが残される。

そこで、ここでは議論を段階的に整理しながら、都度かたちを与えて、かたちと議論をしっかり対応させながら案を生成することにこだわった。テーブルの上に時系列で並べられた模型は議論の結果を明らかにする議事録であり、議論をむやみに拡散させずに前向きに構築して行くためのツールでもあった。

多数決で決めないこと

もうひとつこだわったことは、参加を促す仕掛けとして投票行為を導入するが、多数決で結論を出さないようにすることだった。パブリック・ミーティングの参加者たちは必ず

パブリック・ミーティングによってアイデアを統合する

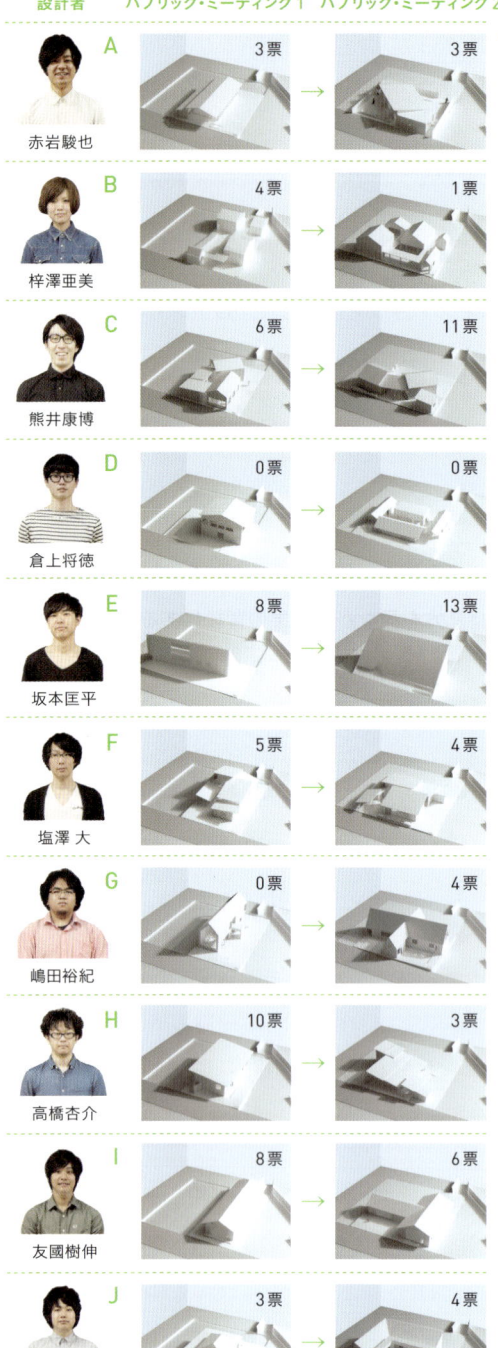

設計者	パブリック・ミーティング1	パブリック・ミーティング2
A 赤岩駿也	3票	3票
B 梓澤亜美	4票	1票
C 熊井康博	6票	11票
D 倉上将徳	0票	0票
E 坂本匡平	8票	13票
F 塩澤 大	5票	4票
G 嶋田裕紀	0票	4票
H 高橋杏介	10票	3票
I 友國樹伸	8票	6票
J 西村 峻	3票	4票

アシスタント：塩原和記

パブリック・ミーティング3

教会型／E＋G＋I／19票

構成要素／1. 象徴性 2. 広場 3. 視線の貫通

駅舎型／A＋C＋H／43票

構成要素／1. 太陽光パネルの角度 2. ゲート性 3. 半外部的空間

路地型／B＋D＋F＋J／17票

構成要素／1. 分棟 2. ベンチ 3. 通路の引き込み

↓
↓

パブリック・ミーティング4

統合案

構成要素／1. 象徴性 2. 広場 3. 視線の貫通 4. 太陽光パネルの角度 5. ゲート性 6. 半外部的空間 7. 分棟 8. ベンチ 9. 通路の引き込み

しも全員が建築の専門的な見方に慣れているわけではないが、専門家の意見を聞いた後であれば、しっかりと主体的な判断をすることができる。

　実際にプロジェクトを始めてみると、初回のパブリック・ミーティングでは比較的おとなしい案が1位となったが、第2回になると幾分議論に慣れてきて「他にない施設だからその辺にあるようなものじゃ困る」と、少し過激なものが選ばれたりもする。

　われわれはその結果を鵜呑みにするのではなく、設計条件の定義にのみ用いることにした。たとえば初回の投票結果を見ると、得票がゼロの案が2つあり、どちらも2階建ての案であった。住民の方に聴いてみると、地元にある自治会館が2階建てでお年寄りの利用に困難をきたしているのだという。そこでその次からは「2階建てとしない」という条件が追加された。

　このように、投票結果を見る時には最多得票の提案だけを見るのではなく、票の集まり方、散らばり方を見ながら結果の背後にあるメッセージを注意深く読み取ろうとした。形態や構成については設計者の自由裁量とし、設計条件と最終成果物の関係を常に動的な関係とすることで、プロセスの中で徐々に建築を「育てる」ことができる。

減額ワークショップ
――みんなで要求を「減らす」という経験

　第3段階ではそれらの10案から共通する特徴を持つものを中心に類型に統合することとし、①原初的な学びの場としての象徴性を強調した「教会」型　②前に広場を持ち、発電所の管理施設としてのゲート性を強調した「駅舎」型　③ベンチやヒューマンスケールの軒と通路など親しみやすいスケールを強調した「路地」型の3つとした。

　今回は試みとして、3案に対して見積図を作成し、投票結果と共に見積額の公開を行った。結果は「教会」型が目標額の233%、「駅舎」型が238%、「路地」型が242%といずれも大きく上回り、設計案の大幅な変更を求められた。それは設計者の提案内容が影響していると言うよりも、企画の妥当性が問われたと考えるべきだろう。パブリック・ミー

ティングでは、それまでに積み上げた要求をもとにいかに要求を減らすかが話し合われた。

　住民にせよ、発注者にせよ、利用者にせよ、要求を出すことには慣れていても、減らすことには慣れていない。そのしわ寄せは設計者に回って来る。縮小の時代にあっては、みんなで要求を「減らす」という経験こそが重要であると考えた。

　最終案は設備を共有したり、2部屋を1部屋でシェアするなどして床面積を大きく圧縮し、仕様を見直しつつも、教会の象徴性、駅舎のゲート性、路地の親密性を兼ね備えたものとし、設計内容としてはむしろ濃密なものに高められた。

　こうして10案からスタートした設計は3案、1案と段階的に統合され、最終案は多様な側面から評価できるものとなっていた。

　このような案のつくり方は、多数決ではなく包摂を旨とした民主主義のあり方を建築的に示すものであった。建築を民主主義的に設計することよりも、民主主義のあり方を建築的に示すことこそが重要であると気付かせてくれたプロジェクトであった。(TEXT：藤村龍至)

鶴ヶ島市役所ロビーで行われた展示。10案が3案に、そして3案が最後の1案に統合されていくプロセスを見せた。エントランスロビーで展示することで、市の職員や職員だけでなく、広く市民が目にすることができた

1. 竣工した環境教育施設。道路側（北側）の構え　2. 太陽光発電所側（南側）の構え。パネルと揃えられた建築の向き　3. 内部空間　県産材で組まれたトラス　4. パーゴラのある中庭。児童の待機場所だが、イベントにも使われる　5. 竣工引き渡し後の塗装ワークショップ。あえて1面を未塗装で引き渡し、住民と共に塗装　6. 植栽ワークショップ。維持管理をテーマにしたイベントを定期的に行って周辺を巻き込んでいく　photo1-4: 太田拓実

Profile

工藤和美（くどう かずみ）

1960年鹿児島市生まれ。福岡市で育つ。横浜国立大学建築学科卒業後、東京大学大学院の原広司研究室に進学。在学中に、オランダとスイスに研修留学。大学院在学中の1986年に「シーラカンス」を共同で設立。1998年に「シーラカンスK&H」に改組。2002年より東洋大学建築学科教授。主な作品に〈福岡市立博多小学校〉(2001)、〈金沢海みらい図書館〉(2011)、〈山鹿市立山鹿小学校〉(2013)。日本建築学会賞、日本建築家協会賞、グッドデザイン賞などを受賞。主な著書に『学校をつくろう!』(TOTO出版、2004)。

KUDO Kazumi

Born in Kagoshima in 1960. Raised in Fukuoka. After graduating from the Architecture Department, Yokohama National University, entered graduate school at the Hiroshi Hara Lab at the University of Tokyo. Undergraduate studies in the Netherlands and Switzerland. In 1986, while at graduate school, jointly established Coelacanth. Reorganized into Coelacanth K&H Architects in 1998. Became Professor in the Department of Architecture at Toyo University in 2002. Main works include Hakata Elementary School (2001), Kanazawa Umimirai Library (2011), and Yamaga City Elementary School (2013). Awards include the Architectural Institute of Japan prize, the Japan Institute of Architects prize, and the Good Design prize.

Profile

photo: 新津保建秀

藤村龍至（ふじむら りゅうじ）

1976年東京都生まれ。2000年東京工業大学社会工学科卒業。2002年東京工業大学大学院修了。2002-03年ベルラーヘ・インスティテュート（オランダ）。2005年より藤村龍至建築設計事務所主宰。2008年東京工業大学大学院博士課程単位取得退学。2010年より東洋大学専任講師。主な作品に〈鶴ヶ島太陽光発電所環境教育施設〉(2014)、〈家の家〉(2012)、〈BUILDING K〉(2008)。主な著書に『批判的工学主義の建築』(NTT出版、2014)、『プロトタイピング』(LIXIL出版、2014)。

FUJIMURA Ryuji

Born in Tokyo in 1976. Graduated from Depertment of Social Engineering, Faculty of Engineering, Tokyo Institute of Technology, in 2000. The Berlage Institute, Netherlands in 2002-03. Established Ryuji Fujimura Architects in 2005. Withdrew from the doctoral program at the Graduate School of Architecture, Tokyo Institute of Technology, upon earning all required credits in 2008. Currently, Lecturer at Toyo University.
The main architectural works are Facility for Ecology Education (2014), House HOUSE (2012), BUILDING K (2008).

青木淳建築計画事務所＋エンデザイン

Jun Aoki & Associates + En+Design

Review

青木淳は、商業施設から学校施設、美術館まで様々な設計に携わってきた建築家である。敷地が狭い、予算が少ないなど、厳しい条件であればあるほど鮮やかな発想で美しい建築を設計してきた。その青木がいよいよ本格的な利用者参加型のプロジェクトに携わる。十日町市でのプロジェクトでは、建築のリノベーションに携わるだけでなく、そのプロセスを通じて地元の有志デザイナーが集まる組織「En+Design（エンデザイン）」に青木の仕事の方法を伝えるという。一種の社会教育事業になっていると言えよう。青木がリノベーションする建築が完成して市民に使われ始める時、エンデザインもまた活動を開始するだろう。そして、まちのあちこちに青木の思想が少しずつ入った設計が実現することになる。使い手の意見が反映された建築物がまちに生まれた後、逆に青木の意見が反映された建築物がまちに生まれることになるというわけだ。コミュニティを介した痛快な相互作用である。（山崎亮）

AOKI Jun is an architect involved in various designs, from commercial facilities to school facilities and museums. The more stringent the conditions, such as small sites or low budgets, the more vivid his concepts and the more beautiful his designs. Aoki has finally taken part in a true user-participation project. In this project in Tokamachi, Niigata he not only participated in the renovation of a building, but through this process Aoki's working method was transmitted to En+Design, an organization that gathers local volunteer designers. It could be called a kind of social education. When Aoki completed the renovated building and the citizens started to use it, En+Design also went into action. Designs materialize here and there in the city, into which the ideas of Aoki have gradually been absorbed. It is as if, after a building that reflects the opinions of its users appeared in the city, other buildings started to appear in which, conversely, the opinions of Aoki are reflected. It is a wonderful, community-mediated reciprocal effect. (YAMAZAKI Ryo)

市民と徹底的に関わってつくる、十日町の「まちなかステージ」。

Completely involved with citizens, Tokamachi's "Stage in the City"

「まちなかステージづくり」で開かれた、「模型を見ながら活動空間を組み立ててみよう」をテーマにしたワークショップ。4班に分かれて、模型写真の台紙に、カードを使いながら空間をイメージする。結果、いくつかの視点が浮かび上がってきた

今、新潟県十日町市で、使い手である市民と一緒になって取り組んでいる仕事がある。中心市街地に建つふたつの既存建物をそれぞれ、「交流センター」と「活動センター・まちなか公民館」として改修し、そのうち「活動センター・まちなか公民館」の隣には立体駐車場をつくろう（以下、それらをひっくるめて「活動拠点」と呼ぶ）、というプロジェクトである。

変わっているのは、ナカミが決まっていない段階で、設計者を選定するプロポーザル・コンペが開催されたことだ。

ナカミを決めていく段階にも参加しながら設計できるというのは、設計者にとって、もうそれだけでやりがいがある仕事だ。なぜなら、ナカミとウツワの関係は、いわばニワトリとタマゴの関係のようなもので、互いが互いを生み出すような関係にあり、それがまだ固定してしまう前のダイナミックな関係にある時点で、ハードの側面から関わることができるからだ。正直、どのコンペもこういう段階で開催されればいいのに、と思うくらい。

僕たちがここで考え、試そうとしていることは、大きく言えばふたつ。ひとつは、市民の人たちの気持ちの中の深いところにあるものを、どうやったらひとつの核となるカタチにまで持っていけるか、つまり案をつくっていく時の方法論について。もうひとつは、結果として、建物がそこにただ残るというだけではなく、どうやったら使い手たちに僕たちの設計者としての姿勢や取り組み方、つまり設計のソフトの部分が引き継がれるか、その継承の方法論について、だ。

僕たちの仕事が始まったのが2014年7月。この展覧会が始まる頃に、ちょうど基本設計がまとまる予定だ。だから今のところは、どちらの課題も道半ば。展覧会が始まる11月頃には、それに目鼻が付いていることを祈りながら、このプロジェクトの経緯などについて書いてみよう。

市民が決めてやる「まちなかステージづくり」

全国各地の地方都市のご多聞に漏れず、十日町の中心市街地も、かつて隆盛を極めた織物業の縮小や新潟県中越地震の被害などが合わさって、往年の活気と賑わいが失われている。そこで2013年、市は、「まちなかのにぎわい創出」に向けた取り組み「まちなかステージづくり」をスタートさせた。業務委託を受けたのは、本展覧会のゲストキュレータのひとりでもある山崎亮さんが代表を務める「studio-L」。「自分たちのまちのことは自分たちで決めてやろう」という山崎さんの考え方に基づいて、「まちなか」を市民たちが共に活動を実践していくための舞台(ステージ)に見立てることにしたのだ。

ちなみに、山崎さんを十日町市に結び付けたのは地元の建築家5人組で、2012年に彼らが山崎さんに講演を依頼したことに始まる。後に、彼らは自分たちのグループを、「studio-L」をもじって「studio-H5(スタジオエチゴ)」と命名。その建築家集団である「studio-H5」の枠をもう少し広げて「まちなかステージづくり」を推進する市民有志の勉強会グループができた。それが「En+Design(以下、エンデザイン)」だ。

ちなみに「まちなかステージづくり」のワークショップでは、エンデザインのメンバーがファシリテータ役を積極的に務めている。

ウツワを提示しなかったプロポーザル・コンペ

このエンデザインと市役所が一緒になって企画したのが、僕が最初に書いた活動拠点整備のための設計プロポーザル・コンペである。審査員は、市役所から4人、エンデザインから4人、そこに建築家であり「東京R不動産」というユニークな不動産システムを開発・展開する馬場正尊さん(214〜221ページ参照)と、前述のコミュニティデザイナー山崎さんが

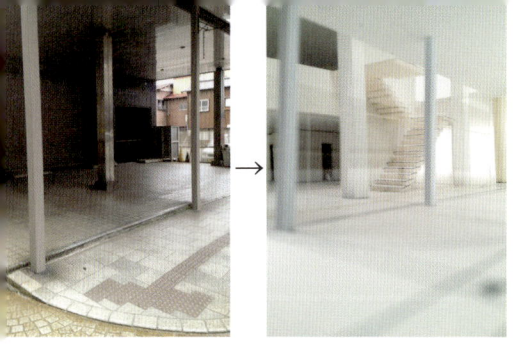

アーケードと建物の間に、屋根付きの明るい空間を設け「マーケット広場」とする。屋台、仮設店舗、移動販売車など、テンポラリーな仕掛けが導入される公的空間

交流センターでは、既存建物の前面側空間を室外化することで「マーケット広場」化する。この試みがまちなか全体に広がっていくためのモデルになることを目標とする

要項に載っている駐車場を成立させた場合

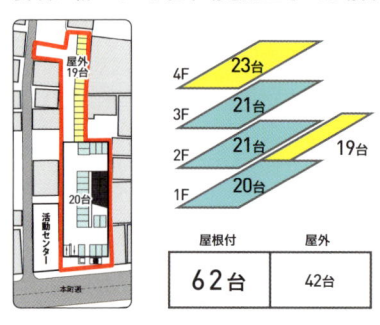

屋根付	屋外
62台	42台

- 4F 23台
- 3F 21台
- 2F 21台 / 19台
- 1F 20台

コンペで提案した駐車場の場合

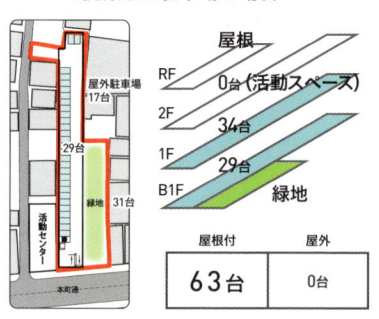

屋根付	屋外
63台	0台

- 屋根 RF 0台(活動スペース)
- 2F 34台
- 1F 29台
- B1F 緑地

活動センターに隣接する敷地は、駐車場として利用することが想定されている。特に雪のシーズンに対応して、屋根付きの雪から守られた駐車場をつくることが大切だという。現況、そういう駐車場がまちなかにほとんどないので苦労するらしい。とは言え、敷地の幅が狭く、非効率な駐車場にしかならない。そこで屋根を屋上庭園にして、活動センターのテラスとしての利用を図りたいと考え、様々な案をスタディしている

2013年度に行われた「まちなかステージづくり」市民ワークショップをまとめた「十日町市まちなかコンセプトブック」。抽出されたコンセプトは、「つくる楽しさ」、「繋がる楽しさ」、「つづける楽しさ」、「みつける楽しさ」の4つの「楽しさ」。これが設計を開始する時点で与えられたほとんど唯一の情報だった

入るというバランス。

　このプロポーザル・コンペで僕たちが提案したのはふたつのこと。ひとつは、活動拠点が立地する地区が、すでに市の上位計画で「コミュニティ・ガーデン推進地区」として位置付けられている所だったので、そのことを念頭に個々の計画を進めていってはどうかということ。もうひとつは、まずできる限り多くの人の話を聞くところから始めて、設計のプロセスにおいて地元の人たちに担ってもらうウェイトを増やしていき、竣工時には使い手が自前でアップデートできるようになっているようにしたいということ。ナカミについて市民がどんな希望を持っているのかさえまだ聞いていない。そんなところでウツワを提示するのは時期尚早。だからウツワの具体的な提案はいっさいしないで、設計者としての関わり方の基本的姿勢を述べるにとどめたのである。

市民との約束

　こんなふたつの提案を中心とした僕たちのプロポーザル・コンペの結果は、付帯事項付きでの最優秀。付帯事項というのは、再度、審査員を務めたエンデザインのメンバーと会って、「どのようなプロセスと方法で僕たちがプロジェクトにコミットするのか」を市民に具体的に説明し、その是非の確認を受けたうえで、という内容だった。そこで、設計段階では「まちなか」に部屋を借りて、設計の中心を東京ではなく十日町に移し、そこにスタッフ2人が交互に常駐すること。着工以降は、監理など地元の人たちの協力を増やしていただく一方で、僕たちは東京からの通いにするということなど、出発点として考えていることを説明した。

　これは普通とは逆の人員のかけ方である。なぜそんなことをするかと言えば、「状態としてある建築」に興味を持っているからだ。多くの場合、建築は竣工した地点が「完成」で、後はその維持管理と位置付けられる。でも、ナカミは生き物で、自然に少しずつ、あるいは突然、変わる。だから、それと平行してウツワも生き物のように変わっていったほうがよいのではないか。つまり、ずっとアップデートし続ける、そ

元々はパン屋さんだったまちなかの空き店舗を借りて、青木淳建築計画事務所の十日町分室とした。町の人の協力を得て、壁紙、プラスターボードを剥ぎ、テーブルとベンチをつくった。自然にいろいろな人たちの様々なミーティング会場になって行き、今では単に「ブンシツ」と呼ばれている。今回のプロジェクトで必要な機能のひとつであることが証明された

の状態をもって「建築」とできないか、と考えているのである。もちろん、アップデートの主体は、山崎さんじゃないけれど、"使い手自身"だ。「自分たちのまちのことは自分たちで決めてやろう」、である。

　後日、山崎さんに話を聞くと、僕たちがすべてをデザインしつくすのではなく、地元の人にデザインを引き継いでもらうという、そんな余白のある姿勢が好感を持って迎えられたとのこと。そして十日町にはすでにエンデザインという、それを可能にする受け皿が育っていたのだ。

　ともかく、この時点で、僕たちは活動拠点整備の設計を「青木淳建築計画事務所」ではなく、「青木淳建築計画事務所＋エンデザイン」というかたちでやっていくことを市民に約束したことになる。

僕らの、そして市民のブンシツ

　現地での最初の仕事として、まちなかに元々はパン屋さんだった所を借りた。それを、エンデザインの一翼を担う建築家集団studio-H5の面々の協力を得て改装、というか解体して、テーブルやベンチをつくって、「ブンシツ」とした。地元の人たちとの最初のコラボレーションだ。

　それから、ワークショップに参加している人はもちろんのこと、そうでない人たちにも話を聞いて回った。中が丸見えのガラス貼りのブンシツだから、道行く人々が興味を持ってくれて、話をしに寄ってくれたりもする。今年度から「まちなかステージづくり」のワークショップには、「シクミ部」と「カタチ部」のふたつの部会ができたが、その会合もブンシツで行われる。ブンシツは、青木事務所の十日町分室であり、エン

デザインの分室であり、市役所の分室でもある。

　今後の課題としては、虚心坦懐にできるだけ多くの人の話を聞く。そして、それら人々の心の総和を、自分の中にひとつのイメージとしてかたちづくる。そして、そのイメージにふさわしい空間的解決を探すことを考えている。これは普段、僕が特に意識化、外在化することなく設計で行っていることだ。

　そしてその手続きを、いわゆる手順書のようなものに整理して外在化してみる。それが、ここでのひとつの目標だ。そうすることで、「僕が設計で何を行っているのか」が分かってくる。と同時に、その方法を市民と共有することで、設計の市民への移行が見えてくるのではないか、と思っている。（TEXT：青木淳）

エンデザイン ｜ En+Design

「まちなかににぎわいや楽しみをつくりたい」という想いを持つ市民によって結成された個性豊かなメンバーの集まり。リノベーションのためのデザイン勉強会を経て市民ワークショップのファシリテーター役をも担う。市民と設計事務所の橋渡し役となるべく日々奮闘中。完成後も施設の運営主体の一員として期待される。

Profile

青木淳（あおき じゅん）
1956年横浜市生まれ。82年東京大学大学院修士課程修了。83〜90年磯崎新アトリエに勤務後、91年に青木淳建築計画事務所を設立。個人住宅をはじめ、公共建築から商業施設まで、多方面で活躍。代表作に、〈H／東京建築士会住宅賞〉、〈馬見原橋／くまもと景観賞〉、〈潟博物館／日本建築学会賞作品賞〉、〈遊水館〉、〈ルイ・ヴィトン表参道〉、〈青森県立美術館〉、〈大宮前体育館〉など。著書『JUN AOKI COMPLETE WORKS 1: 1991-2004』（INAX出版、2004）、『原っぱと遊園地』（王国社、2004）他。2004年度芸術選奨文部科学大臣新人賞受賞。

AOKI Jun
Born in Yokohama in 1956, having graduated from Tokyo University AOKI Jun worked at Arata Isozaki & Associates before establishing his own Tokyo-based practice in 1991 to do 'anything that seemed interesting'. Subsequent works have included diverse directions such as a series of houses, public architecture, and fashion boutiques as a current series of Louis Vuitton stores. A swimming pool at YUSUIKAN(1993) that investigates some of the themes of the more recent project,FUKUSHIMA LAGOON MUSEUM(1997) which won the Architectural Institute of Japan Annual Award, the AOMORI MUSEUM OF ART, the Grand Award of the international competition completed in 2005 and opened in 2006. An artwork at U bis shows another side of his creation as an artist. Commended his architectural achievements, he was awarded The Minister of Education's Art Encouragement Prize in 2005.

乾久美子
INUI Kumiko

Review

乾久美子は、「青木淳建築計画事務所」を経て自身の設計事務所を立ち上げた。これまで、「ルイ・ヴィトン高知店」(2003) や「ディオール銀座」(2004) など商業施設の設計で活躍してきた。近年は「前橋国際大学4号館 KYOAI COMMONS」(2011) や「みずのき美術館」(2012) など公共的な建築の設計も増えている。2011年に始まった延岡駅舎の設計は、乾にとって初めてのユーザー参加型プロジェクトである。これまで参加型プロジェクトに携わってこなかった乾だからこそ、これまでにない参加型設計手法が編み出せるのではないか。期待通り、地元の建築士と協働したり、立体的なテンプレートをつくったりと、乾はすでにこれまでの参加型設計手法とは違う試みを展開している。一方、2014年に入りプロジェクトは新たな局面を迎えている。従来のテーマだった「駅＋市民活動」に「商業」を加えて考える段階に差し掛かっているのだ。今度は、いくつもの商業施設の設計に携わってきた乾にだからこそできる、「駅＋市民活動＋商業」が調和し、共鳴し、相乗効果をあげる設計が期待されている。（山崎亮）

INUI Kumiko established her own architectural office after having worked at Jun Aoki & Associates. Since then, she has been active in the design of commercial establishments such as Louis Vuitton Kochi (2003) and Dior Ginza (2004). In recent years, she has designed an increasing number of public buildings, such as Kyoai Commons (2011) and the Mizunoki Museum of Art (2012). The design of the Nobeoka station building, started in 2011, was Inui's first project that addressed user participation. Precisely because Inui had never before dealt with a user participation project, one might think that she would work out a novel user-participation design method. As expected, when she collaborated with local architects to make a three-dimensional template, Inui had already developed an experimental method that differed from previous user-participation designs. Nonetheless, from 2014 onward her projects have entered a new phase. She is approaching the stage of adding "commerce" to her usual theme of "train station + civic activities." We can now expect designs that harmonize, resonate, and synergize "train station + civic activities + commerce" that Inui is capable of because of having already designed several commercial facilities. (YAMAZAKI Ryo)

様々なユーザーと一緒に、市民の活動拠点にもなる「駅」をつくる。

Making a "station" that also becomes an activity base for citizens together with various users

市民ワークショップの最後の段階で建設検討チームから再整備のプロトタイプを提示。2012年2月25日　photo: 内村友造

Chapter 4　使い手とつくる

筆者が現在携わっている、古い駅舎の改修を核とした「延岡駅周辺整備計画」を立てるにあたって、「駅＋市民活動」というアイデアを提唱したのは、コミュニティデザイナーの山崎亮さんでした。駅（前）の再開発と言うとすぐに「駅ビルを建てて物販を誘致する」という発想になりがちですが、山崎さんは「駅に市民活動を展開できる場を点在させて、市民活動を集めるだけでも駅は楽しくなるのではないか。そうして駅に賑わいが生まれれば、駅前の商店（街）も活性化し、一石二鳥になるのではないか」と提案したのです。その提案に延岡の市民や市役所職員が共感したことで、「駅＋市民活動」というコンセプトでこの計画は動き出しました。

　筆者は、プロポーザル・コンペの結果、このコンセプトを汲み取ったうえで建築のアイデアやプランを提案する「デザイン監修者」として、この計画に参加することになりました。つまり、山崎さんとの二人三脚で、「居心地のよいざわめきを持つ駅」をつくりだすことがスタートしたのです。

初めは建築の話をしない

　その後、「駅＋市民活動」の具体的な姿を探るべく、建物の面積も、事業スキームも決まっていないタイミングで、市民ワークショップが始まりました。ワークショップ（以下WS）開催の条件としては（すくなくとも建設関係者としては）はなはだ心もとない状況です。しかしながら、WS運営を担う山崎さんの興味は駅そのものというよりは駅周辺のまちの将来にあり、そんなことは気にしない様子でした。「駅周辺で市民活動するってどう思う？」という素朴な問い掛けからスタートし、さらに「建物に関する直接的な話は禁止」などというアクロバティックなルールを、さらりと参加者と共有してしまいました。

　駅前のプロジェクトはたいてい複雑です。敷地の所有はモザイク状。建設する施設もひとつではなく、建主や管理者も多岐にわたっています。延岡市のような自治体は、たくさんいる利害関係者のひとりでしか

ないため、思い通りに行かないことも少なくありません。

　「市民はあくまでもプロの利用者であるべきで、建物のつくり方についてはプロの設計者に任せたほうがいい」というのはいつもの山崎さんの流儀のようですが、延岡市のようなプロジェクトに初期の段階で取る方法として特にぴったりでした。建物の話を直接しない期間を設けることで、市民の気持ちを引き出すと同時に、駅関係者の意向をじっくり聞き出す時間がつくれたのではないかと思います。

**ハードとソフト、
二人三脚の効用**

　さて、先述のように、本プロジェクトは、コミュニティデザイナー（山崎さん）と設計者（筆者）が二人三脚で関わっていることにも特徴があります。

　そのことを生かして、山崎さんがWSで具体的な市民活動の内容を話し合っている間に、私たち建設検討チーム（以下、建築チーム）は現実的な問題の洗い出しを進め、WSの最後の段階で再整備のプロトタイプとして提示しました（136ページ参照）。

　「チラシ寿司のように駅機能と市民活動機能を散りばめる」「それらをふんわりと大きな屋根で覆う」というふたつの特徴を持つプロトタイプでしたが、初動のWSの様子を十分に踏まえて練った案だからか、市民のみなさんには「いろいろなことができる感じがする」と、とても好意的に受け入れてもらえました。

　その後、ふたたび二人三脚体制を保ちながら、建設チームと市民WSチームはそれぞれの「仕事」に戻りました。建設チームが市民から距離を置いた場所で契約や予算など現実的な問題の処理をしている傍らで、市民WSチームはより具体的な市民活動の検討を進めたのです。その結果、周辺の商店街界隈で市民活動に実際にトライアルしてみる動きが出て来たことは、本プロジェクトにとって吉報でした。

　設計事務所が社会実験と設計のような実務業務を両立させるのは容易なことではありません。設計チームが専門的な作業に没頭せざるをえない期間中でも、他のチームによって社会実験などのソフト的な試み

が進められることは、プロジェクトそのものの盛り上がりの継続という点で重要かと思います。

ユーザーと事業者の主客が入れ替わる

駅周辺の活動は他にも広がっています。WSでの市民の盛り上がりに触発された商店街の若い店主の集まりが、駅前広場の活用を考えるべく大きな音楽イベントを企画したり、大分のタウンマネージャーの牧昭市さんに声を掛けて勉強会を開いたりしています。さらに、その内のひとりがエリアマネージャーとして名乗りをあげるところまで来ています。こうした社会実験などの成果は、これから本格的に始まる具体的な空間検討に反映する貴重な要素になります。

このように本プロジェクトは、山崎さんのようなコミュニティデザインの専門家チームと、筆者が参加している土木・建築の専門家チームがあり、そこに市民や市民団体、商店街などの主体が加わって、つかず離れず連携していることが特徴です。

先行して自主的に開かれた市民活動の例
1. ノベオカノマドフェス／2013年12月　2. キャンドルナイト／2013年12月　3. 延岡えきまち市場音楽祭／2012年11月　4. 真昼のビアガーデン／2013年7月

彼らは多様な「ユーザー」として多角的な視点をプロジェクトに与えています。さらに、市民活動団体の中から、新駅舎の竣工を待ちきれずまちづくりの活動を始めてしまう動きも出ていて、それが計画の内容を少しずつ変更させる要因になっています。

「ユーザーと共につくる」と言うと主語は行政や専門家チームです。そうではなく、むしろ「行政や専門家と共につくる」と、ユーザーが主語になってしまうような入れ替えが起きることが理想です。本プロジェクトでの「ユーザー」、それは個人から団体までいろいろです。そうした多彩な「ユーザー」が、様々な次元で立体的に登場していることに、前述のような反転の兆しを感じているのは筆者だけではありません。

ユーザーが設計を厳しく確認

初動からWSを始めたためか、本プロジェクトの可能性は広がり続けているのですが、そろそろ可能性を収束させて、建物というフォーマットに乗せるべき段階に来ています。

そこで、筆者の主宰する設計事務所では、延岡市の若い建築士のメンバーとチームを組み、WSで議論されたアクティビティに近い機能を持つ施設を訪ね歩き、部屋のつくりと場面との関係を調査しました（これもユーザーと共につくるひとつの次元を形成しています）。この調査を通して、WSで出ている「やりたいこと」の総量と公共施設として合理的に建設できる面積とが釣り合っていないということが分かってきました。

こうした問題の洗い出しを含めた準備期間を経て、いよいよこれから本格的な設計が始まります。面積的な問題があることや、「駅＋市民活動」という前例のない施設ということもあり、「ユーザーと共につくる」ためには工夫が必要です。

それについては、プランニングを最初から共有するというよりは、初動のWS期間でやったように専門家チームが舞台裏でプランニングをし、それをユーザーに何度も確認してもらう方法がよさそうだと考えています。延岡の「ユーザー」は施設を使うプロ。そのプロに使い勝手

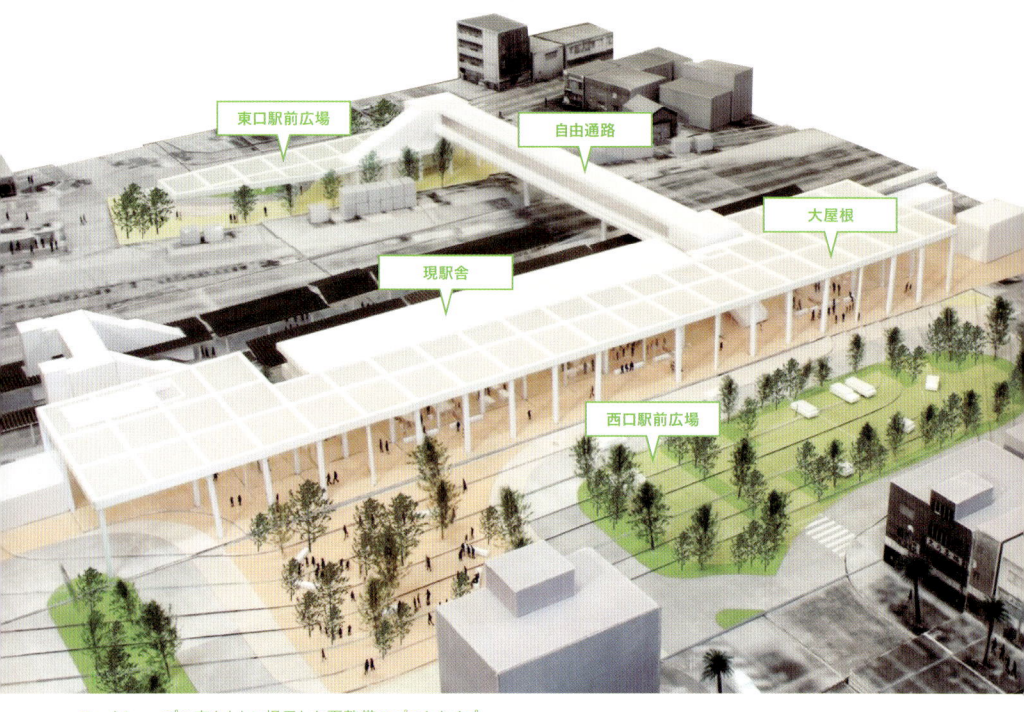

ワークショップの声をもとに提示した再整備のプロトタイプ

ワークショップ後に検討している施設の利用イメージ
1.西口駅前広場から見る　2.市民協働オフィス：オープンで活動が見えるようにすることを提案　3.市民活動スペースの例：梁やサッシの位置を工夫し、大々的に開放することを検討中　4.西口広場の利用例：森の中の駐車場とし、イベント利用を促進

をチェックしてもらうというわけです。イメージとしては、スポーツ用品メーカーが、プロのスポーツ選手と一緒に道具の開発をするイメージに近いかもしれません。

　このような方法を取る時に大切なのは確認の精度です。漫然とチェックしても意味がありません。本当に使えるのか、使いたくなりそうなのかなどを、ユーザーに想像力を十分に働かせながら見てもらう必要があります。そうした状況づくりには、単なる図面や模型だけでは物足りないと思い、特別な道具として立体的なテンプレートをつくりました。それぞれはこれまで調査してきた事例を縮尺1/50で模型にしたもので、備品の寸法なども調査結果を反映しており、部屋と場面の関係が一目で分かるようになっています。これらを同じ縮尺でプリントアウトした平面図の上に乗せてみることで、多目的な空間でありながらも、使いようによっては専門的にも使えるようなサイズや設備になっているかを直感的にチェックできるようにしました。

　本プロジェクトはまだまだ途中段階。これからも、様々なユーザーとツールを生み出しながら進んでいく予定です。（TEXT：乾久美子）

Profile

乾久美子（いぬい　くみこ）
1969年大阪府生まれ。1996年イエール大学大学院建築学部修了後、青木淳建築計画事務所勤務を経て、2000年乾久美子建築設計事務所設立。主な作品に、〈ヨーガンレール丸の内〉、〈DIOR GINZA〉、〈アパートメントI／2007年新建築賞〉、〈スモール ハウスH／2009年東京建築士会住宅賞〉、〈フラワーショップH／2009年日本建築士会連合会賞、JIA 新人賞、2010年グッドデザイン金賞〉、〈共愛学園 前橋国際大学4号館／2012年グッドデザイン賞〉などがある。東京藝術大学美術学部建築科准教授。

INUI Kumiko
Born in Osaka in 1969. Completed the Master Course, Yale School of Architecture in 1996. After working for Jun Aoki & Associates, established Office of Kumiko Inui in 2000. Major works include Jurgen Lehl Marunouchi, Dior Ginza, Apartment I (2007 Shinkenchiku Award), Small House H (2009 Tokyo Society of Architects & Building Engineers, House Prize), Flower Shop H (2009 Japan Federation of Architects & Building Engineers Association Prize, JIA Newcomer Award, 2010 Good Design Gold Prize), Kyoai Commons, at Maebashi Kyoai Gakuen College (2012 Good Design Award). Associate Professor at Department of Architecture, Faculty of Fine Arts, Tokyo University of Fine Art and Music.

PROJECT 2

建築家が市民のアート展を面白く見せることに挑戦した
「市民ギャラリートライアル」

"Citizen's Gallery Trial". Architects took on the challenge of making an appealing exhibition of citizen's artworks.

「金沢21世紀美術館 市民ギャラリー」は、地下1階と地上1階に合計2室あり、市民の展覧会や作品発表の場として利用されている

3.11以後の建築

Review

　最近増えてきた「利用者の声を聞きながら建築設計をする」というやり方を、本展覧会の中で疑似的に展開して、その過程でどういうことが起こるか体感してみようと、金沢21世紀美術館が考えたユニークな企画がある。それが「市民ギャラリートライアル」だ。

　金沢21世紀美術館には、地域で芸術活動を行う市民団体が展覧会やワークショップなどを開催するための市民ギャラリーがある。そこで市民ギャラリーを利用する市民団体と若手建築家が話し合いながら、今までにない展示空間づくりに挑戦してみようというわけだ。

　会期が異なる3つの市民のアート展の展示空間を、それぞれ違う3組の建築家が設計する。そして、その過程で起こることを経過観察すると共に、実際に完成した展示空間を来館者に見ていただく。建築家と市民のコラボレーションがめぼしい成果を生み出せるかどうかも含めて、その結果が楽しみな企画である。

　この試みにおいて、建築家が配慮すべき相手は複数になる。まずは展覧会を実施する市民団体だ。市民団体には何人かの意思決定者がいるため、その人達の意見を空間的に集約する必要がある。また、美術館側の意向も重視せねばなるまい。さらに市民ギャラリーを見学しに来る人、いわゆるお客さまがいる。この人たちに対する配慮も不可欠だ。

　こうした様々な意見や条件を、いったい3組の建築家はどのように集約するのだろうか。いや、集約するだけでなく、さらにそこに自分たちならではの工夫や妙味をどのように加えて見せどころのある展示空間をつくり出すのだろうか。そしてその空間は、果たして展観者の心を捉えることができるのだろうか。

　ぜひそれぞれの会期中に、金沢21世紀美術館「市民ギャラリー」に足を運んで、その目で結果をご覧いただければと思う。（山崎亮）

展示スケジュール

Trial 1 403architecture [dajiba] × モダンアート協会展
2014年10月28日（火）〜11月2日（日）
➡ 403architecture [dajiba]／152〜159ページ参照

Trial 2 ドットアーキテクツ × 小中学校合同展（中学校美術）
2015年1月4日（日）〜16日（金）
➡ ドットアーキテクツ／140ページ参照

Trial 3 垣内光司 × 金沢発信アウトサイダーアートvol.7展
2015年3月10日（火）〜15日（日）
➡ 垣内光司／141ページ参照

1.Umaki Camp

1.小豆島馬木地区で小屋の設計・施工を行い、豊かな自然や生活の知恵を通して、人々が多様な関係性をつくるプロジェクト　photo: Yoshiro Masuda
2.財団法人「たんぽぽの家」とデザイン研究者水野大二郎との協働。障害のある人の「ために」ではなく、障害のある人と「共に」建築を考えるプロジェクト　photo: Daijiro Mizuno
3.計画・詳細・モデルを同時並列的に設計する「超並列設計プロセス」の方法で設計した個人住宅　photo: Takumi Ota

ドットアーキテクツ

2. Inclusive Architecture　3.No.00

左から家成、赤代、土井

Profile

dot architects（ドットアーキテクツ）
家成俊勝、赤代武志により2004年共同設立。2014年に土井亘をスタッフに迎える。

家成俊勝（いえなり としかつ）
1974年兵庫県生まれ。2000年大阪工業技術専門学校夜間部卒業。2004年現事務所設立。

赤代武志（しゃくしろ たけし）
1974年兵庫県生まれ。1997年神戸芸術工科大学環境デザイン学科卒業。ズーム計画工房、宮本佳明建築設計事務所を経て、2004年現事務所設立。

土井亘（どい わたる）
1987年神奈川県生まれ。2013年慶應義塾大学政策・メディア研究科修士課程修了。「Studio Mumbai」を経て、2014年より現事務所に加わる。

dot architects
Jointly established by IENARI Toshikatsu and SHAKUSHIRO Takeshi in 2004. Staff member DOI Wataru joined in 2014.

IENARI Toshikatsu
Born in Hyogo prefecture in 1974. Graduated from Osaka College of Technology (evening course) in 2000. Established this office in 2004.

SHAKUSHIRO Takeshi
Born in Hyogo prefecture in 1974. Graduated from the Department of Environmental Design, Kobe Design University in 1997. After having worked at Zoom Architect & Associates and Katsuhiro Miyamoto & Associates, established this office in 2004.

DOI Wataru
Born in Kanagawa prefecture in 1987. Graduated from the Graduate School of Media and Governance, Keio University in 2013. After having worked at Studio Mumbai, joined this office in 2014.

1. Do It Yourself、2010

2. 鵜住居の合掌／Gassho、2011

垣内光司

3. 八幡製作所作業場・休憩小屋／Yahata factory、2013（協働：吉岡寛之）

1. 築100年の京町屋を建築の素人である住人のDIYによる耐震改修プロジェクト
2. 津波で流された住宅の基礎上に8時間のDIYで建てられた小屋
3. CCA北九州リサーチプログラム2012-2013にて行われたインスタレーション。北九州市八幡の傾斜地に現存する廃屋やその周辺を整備する八幡製作所の作業場と休憩小屋。廃屋、建材メーカー、美術館、アーティスト作品などから排出された廃材で製作

Profile

垣内光司（かきうち こうじ）
1976年京都府生まれ。大阪芸術大学卒業後、阿久津友嗣事務所を経て、現在一級建築士事務所八百光設計部主宰。2007年第23回吉岡賞受賞。設計活動と併せ、より多くの人々を建築参加させる枠組みとしてDIY活動を開始。被災地に小さな建築をつくるDIYプロジェクトを展開。

KAKIUCHI Koji
KAKIUCHI Koji runs his architectural design office Yaomitsu. After graduated from Osaka University of Arts, he worked at Akutsu Tomotsugu Architects. In 2007 he was awarded the Yoshioka Prize. Since 2011 he is a lecturer of Tokyo University of Science. Since 2013 he is a lecturer of Kyoto University of Art and Design. KAKIUCHI started "DIY activity" project, that invites many people to the process of construction. Currently he evolves this DIY project in the stricken areas the Great East Japan Earthquake.

Chapter 5

地域資源を見直す

建築の進化は材料の進化と共にありました。木や石を使って建築を設計していた時代の後、鉄とガラスが使えるようになると建築のデザインが大きく変わりました。レンガ、タイル、コンクリートなど、様々な材料が建築に用いられるようになり、そのうち高価で珍しい材料を探し出し、遠方から仕入れて建築に使うようになりました。わざわざ特注品を職人につくってもらって建築の部材として使うことも多くなりました。しかし、こうしたつくり方だと輸送コストやエネルギーが余分にかかります。また、地域で手に入る身近な材料を使わないため、地域との関係性がほとんど生まれません。もちろん、地域経済への貢献もほとんどありません。こうした反省を受けて、なるべく地域で生まれたり、地元で調達できる材料や廃棄物を使おうとする建築家たちが活躍し始めました。ここには、材料だけでなく、地域にある空間を活用することも含まれます。こうして地域にあるものを生かして設計を進めると、地域の様々な人との繋がりが生まれ、その結果、次々に地域の建築の仕事が繋がっていくということも起こります。第5章では、こうした新しい地域密着型建築家（コミュニティアーキテクト）の姿を紹介します。（山崎亮）

Chapter 5 | Reexamining local resources

Progress in architecture occurs together with progress in materials. Following an era in which buildings were designed using wood and stone, it became possible to use steel and glass causing the design of buildings to undergo great changes. Various materials such as bricks, tiles, and concrete came to be used in buildings. Materials rarely seen due to their high price were searched for, carried from a long distance, and used in buildings. There are now also many buildings with elements custom-made by laborers. However, this type of construction requires additional transportation costs and energy. Furthermore, because materials that can be procured locally are not used, this is a way of constructing that has almost no relationship with the locality. Of course, it also makes almost no contribution toward the local economy. As a result of these considerations, there is increasing activity on the part of architects who try to maximize the use of locally produced and locally procurable materials, as well as recycled waste. Not only materials, this includes the practical use of locally existing spaces. As designs are developed by making use of such local things, bonds arise between various local people, and as a result a sequence of local architectural works appear one after the other. In Chapter 5, we introduce the appearance of this new community architect. (YAMAZAKI Ryo)

バスアーキテクツ

BUS

Review

東京で活動する3人の若手建築家、伊藤、坂東、須磨が、徳島県神山町のプロジェクトに関わるきっかけとなったのは、坂東が徳島出身だったことだと聞いている。若い3人は潤沢な資金を持たないため、夜行バスで神山町に通ったことから「バスアーキテクツ」と呼ばれるユニットになった。3人はそれぞれキャラ立ちしている。理論派の伊藤、お笑い担当の須磨、愛されキャラの坂東といった印象だ。地域で活動する場合、この「キャラ立ち」は大切な要素となる。地域の人たちはビジネスの相手として建築家と付き合うのではなく、個性を持つひとりの人間として付き合うからだ。できあがった建築が持つ個性だけでなく、設計する人間の個性も重視されるのが地方における設計活動の特徴なのである。反対から見ると、設計料がほとんどもらえないのに地域に通うモチベーションは、地域の人たちとの付き合いからしか生じない。こんな様子を見ていると、彼らは、地方創生時代のコミュニティアーキテクトのあり方を示す建築家ユニットだと感じる。(山崎亮)

I had heard that three young architects active in Tokyo (ITO, BANDO, and SUMA) had become involved in a project in Kamiyama, Tokushima prefecture, because Bando is from Tokushima. These three youngsters are short of funds, so they traveled to Kamiyama by night bus, and as a result they became a unit called "BUS". Each of the three has their own persona. The impression they give is of the theorist Ito, the smiling Suma, and the beloved Bando. When they are active amid the mountains, these personas become important elements. The local people do not associate with an architect as a business partner, but as an individual with a personality. Their design activities in the intermediate and mountainous area are characterized by completed buildings that not only have personalities, but that also emphasize the personalities of the people who designed them. Seen from the other side, the motivation to commute to the countryside despite receiving almost no design fee does not merely originate in their associations with the local people. Looking at these conditions, one feels that this is an architectural unit that shows what a community architect should be in an era of regional creation. (YAMAZAKI Ryo)

「創造的過疎」を
楽しむ町の人を資源に、
活性化のための
インフラをつくる。

Taking the people of towns that
enjoy "creative depopulation"
as a resource, making infrastructure
for revitalization

バスアーキテクツは徳島県神山町に関わる3人の建築家ユニット。2010年4月坂東幸輔（写真中央）がNPO法人「グリーンバレー」と空家再生プロジェクト「空家町屋」を開始したことに始まる。7月に須磨一清（右）が参加。グリーンバレー、東京藝術大学の学生らと「ブルーベアオフィス神山」の改修工事を行う。2011年より伊藤暁（左）が参加。「神山バレーサテライトオフィスコンプレックス」、「えんがわオフィス」などリノベーションや新築の設計をする傍ら、「空家町屋」ワークショップを毎年実施している

Chapter 5　地域資源を見直す　145

私たちが「バスアーキテクツ」という集団として2010年から関わっている徳島県名西郡神山町は、徳島市内から車で40分程の所に位置する、人口6千人程の中山間地域の町である。全国に数多(あまた)ある他の中山間地域と同様、人口は減少し、過疎化や高齢化が進む。しかし、神山町では現地NPO法人「グリーンバレー」を中心に20年程前から様々な取組みが行われ、まちづくり（この言葉が神山町でのできごとを言い表すのに適切かどうかはあやしいのだが……）の先進事例として多くの注目を集めている。「アーティストインレジデンス」や「ワークインレジデンス」など、世界中から人を呼び集める施策があり、毎年多くの人が神山町に集う。しかもこれらの仕組みは、お祭り的、一時的な効果を狙うのではなく、生活に定着可能なモデルとしてとてもハイレベルにデザインされている。神山町の人々はこの取組みを「創造的過疎」と呼ぶ。「ものは言いよう」とはまさにこのこと、そう命名された過疎の姿は、とても寛容で明るい。神山町の人たちはよく「われわれの資源は人だ」と言う。観光名所も特産品も名物料理もないが、ここには面白い人がたくさんいるぞ、と。人口の少ない過疎地では自ずと一個人への解像度が上がっていくものだ。それを前向きに捉え、過疎を食い止めるのではなく、悲観するのでもなく、人に目を向け、個人を尊重するという姿勢は、人口減少を控えて縮退の方法論が模索される日本各地において参照されるべき最先端のものであり、事実多くの成果をもたらしている。近年、神山町にサテライトオフィスを構える企業の進出が相次ぎ、話題を集めているように。

「寛容さ」が人を呼びよせる

　私たちはこの町でグリーンバレーとともに空き家再生に取組む「空家町屋プロジェクト」や、それに付随するワークショップなどを企画・運営している。
　「空家町屋プロジェクト」では築80年の古民家をオフィスにコンバージョンした「ブルーベアオフィス神山」（2010）や、閉鎖された縫製工場をコワーキングスペースに改修した「神山バレーサテライトオフィス

神山町の風景の中に見える元縫製工場をリノベーションしたコワーキングスペース「神山バレーサテライトオフィスコンプレックス」photo：樋泉聡子

コンプレックス（以下、コンプレックス）」（2013）の設計を行った。こう書くと何か仕事をしに行っているように聞こえるが、しかしこれらは具体的なクライアントに発注される「仕事」というよりむしろ、グリーンバレーのメンバーをはじめとする地域の人たちと「一緒に楽しんでいる」という感覚に近い。

　ワークショップではその傾向はより顕著である。2011年には「寄井座」という町の中心部にある築85年ほどの劇場（老朽化がかなり進行している）を軸に商店街を再興するためのリサーチや提案を学生と共に行って町の人たちにプレゼンテーションしたり、2012年にはコンプレックスの家具を制作するワークショップを行ったりしているのだが、これはわれわれが神山町に通う口実を得るためのアリバイづくりのようなものだったようにも思う。つまるところ、私たちは誰に呼ばれるわけでもなく神山町を訪れ、誰に頼まれるわけでもなくワークショップを企画し、勝手に楽しませてもらっているのだが、神山町の人々はとても寛容に「よそ者」であるわれわれを受け入れてくれているのである。

　これらの勝手な振舞いが様々な連鎖を生み、いつしか私たちのもと

Chapter 5　地域資源を見直す

コンプレックスの内部。ガラス間仕切で、領域を区分しつつも他の人々の活動が感じられるつくりにリノベーションした

「空家町屋ワークショップ2012」の様子。建築を学ぶ学生たちが神山町に集い、コンプレックスで使う家具を、町の人たちから提供してもらった古家具をリメイクして制作した　photo 左：樋泉聡子

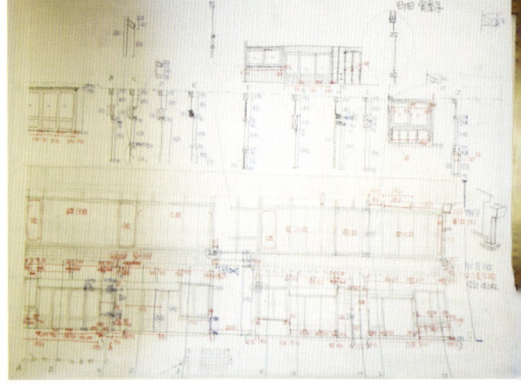

「空家町屋ワークショップ2011」の様子。寄井座と長屋、商店街の実測調査と再生提案を行った

には「えんがわオフィス」などいくつかの「仕事」の依頼が舞い込むようになった。結果的に、2014年8月の時点で4件の改修工事が竣工し、2件の新築工事が進行中である。遊びに行くための場所だった神山町が仕事で通う場所となり、やや寂しい気持ちがしないでもないが、ともあれ私たちは相変わらず楽しみながら「仕事」に取組んでいる。

摩擦熱を運動に変換する

神山町にはサテライトオフィスを開設した企業の従業員のみならず多くの移住者や来訪者がいる。彼らと共に時間を過ごしていると、皆この町の「勝手に楽しませてくれる」寛容さに惹き付けられているように感じられる。私たちが神山町での活動において留意していることがあるとすれば、この「勝手に楽しむ」ことを町に定着させるための場をつくるということかもしれない。

各々の勝手な振舞いが町と接触する時、そこには少なからず摩擦が生じるものである。神山町のような過疎の中山間地域において大切なのは、その摩擦の解消を目論んで何かしらの物語やメッセージを「共有」するというよりも、むしろ摩擦を受け止め、その摩擦熱を新たな運動に変換していくような場のあり方であろう。

そのために必要なのは、建物自体が何かメッセージや物語を語ることではなく、需要やコンテクストに、単純に、合理的に、即物的に応えるという姿勢だと考えている。コンプレックスのガラス間仕切や、「えんがわオフィス」の縁側やガラスファサードなどは、どれも地域とよそ者の摩擦面のデザインである。できるだけニュートラルに、ていねいに、個々の振舞いに注視しながら場のあり方を探ってゆく。これは、新しい時代のインフラをつくるような作業ではないかと考えている。

個人に目を向けたインフラをつくる

かつての成長時代につくられたインフラは、個々の振舞いに対応するというよりは人々をマスと捉え、抽象化して計画されていた。その結果、「インフラに合わせて」振舞うことが最も合理的に社会をかたちづくる方法になる。そこでは、個人

には、社会が用意した規範に「ハマり」にいくことが求められる。「集団」のために個人は疎外され、主体的に振舞うことが困難な状況ができあがっている。しかし、縮退の時代を迎えた昨今、成長時代に「社会が用意した規範」は至るところで綻びを見せ始めている。そこで必要なのは、個人の振舞いに目を向けたインフラのあり方ではないだろうか。

　神山町のような縮退の最先端とも言える場所で、散在する空き家や空き地を能動的に読み替え、主体的に新しい使い方を発見してゆくような人々の姿勢には、その萌芽が感じられる。集団の論理よりも個人の論理が先に立つこと、しかし個人の振舞いが集団と接点を持っていること、他者との摩擦が前向きに取扱われていること、つまり集団によって個人が疎外されない関係性こそが今後、目指されるべきものであろう。

　考えてみればバスアーキテクツという神山町での私たちの活動形態も、このような関係性の一例だと言える。一応チームっぽい名前を冠してはいるが、メンバーは各々の設計事務所を持ち、普段は別々に活動している。何か強い意志を共有して結束しているわけではなく、興味もバラバラで、いわば摩擦だらけの集団だ。しかしそれでもなぜ集団であることを続けているのかと言えば、それはたぶん「個人を疎外しない集団」という難題に応えるひとつの実験として、この活動形態に一縷の望みを見い出しているからなのだろう。

(TEXT：伊藤暁＋須磨一清＋坂東幸輔)

1. 築約80年の古民家を、東京に本社を置くIT企業のサテライト事務所にコンバージョンした「えんがわオフィス／母屋棟」
2. 2014年夏、えんがわオフィスに新しくアーカイブ棟を建てることになった。その建設現場
3. ガラスファサードを持つ「えんがわオフィス／蔵棟」は、蔵をリノベーションした、離れの風情の事務所

建物の周囲にぐるりと縁側を巡らしたことから「えんがわオフィス」と名付けられた。縁側は会議室にも、昼寝場所にも、バーベキューサイトにもなる　photo: TAJIRI Teruhisa(『EMAC』Vol.2より転載)

Profile

バスアーキテクツ

伊藤暁(いとう さとる)
1976年東京都生まれ。2002年横浜国立大学大学院修了。aat+ヨコミゾマコト建築設計事務所を経て、2007年伊藤暁建築設計事務所設立。首都大学東京、東洋大学、日本大学非常勤講師。

須磨一清(すま いっせい)
1976年東京都生まれ。1999年慶應大学環境情報学部卒業。2002年コロンビア大学建築修士科卒業。ROCKWELL GROUP、VOORSANGER ARCHITECTSを経て、2011年須磨設計設立。

坂東幸輔(ばんどう こうすけ)
1979年徳島県生まれ。2002年東京藝術大学美術学部建築学科卒業。2008年ハーバード大学大学院デザインスクール修了。スキーマ建築計画、ティーハウス建築設計事務所、東京藝術大学美術学部建築科教育研究助手、aat+ヨコミゾマコト建築設計事務所を経て、2010年坂東幸輔建築設計事務所設立。

BUS

ITO Satoru
Born in Tokyo in 1976. Graduated (MA) from Yokohama National University in 2002. After working for aat+makoto yokomizo architects, established Satoru Ito Architects and Associates in 2007. Part-time lecturer at Tokyo Metropolitan University, Toyo University, and Nihon University.

SUMA Issei
Born in Tokyo in 1976. Bachelor of Environmental Information, Keio University (1999). Master of Architecture, Columbia University (2003). After working for Rockwell Group and Voorsanger Architects, established SUMA Architects in 2011.

BANDO Kosuke
Born in Tokushima prefecture in 1979. Graduated with BFA in architecture from Tokyo National University of Fine Arts and Music in 2002. Graduated from Harvard Graduate School of Design in 2008. After working for Schemata Architecture Office, Architects Teehouse, Tokyo University of the Arts (assistant), and aat+makoto yokomizo architects, established Kosuke Bando Architects in 2010.

403architecture [dajiba]

403architecture [dajiba]

Review

403architecture [dajiba]は、筑波大学と横浜国立大学のY-GSAを修了した3名の建築家によって2011年に結成された。20代のメンバーも含むので最若手の世代と言えるだろう。彼らは東京ではなく、メンバーのひとりの出身地である浜松に拠点を置き、地元の名士繋がりというパターンではなく、むしろ同世代のクリエイターのネットワークから仕事の輪を広げている。手掛けたプロジェクトは、彼ら自身のオフィス、美容室、倉庫、眼鏡店、衣服店など市街地の物件のリノベーションやインテリアに集中している。まだ新築の物件は少ないが、古材を再編集し、位置を組み換えたり、プロジェクトを横断させたりするなどして、その意味を変えていく表皮のデザインが特徴的である。建築の単位を極小のマテリアルで捉え、都市の中で流動させたり、昭和の時代に建てられた古いビルの空間を再生させたりしている。彼らは、人、素材、古いビルなど、いずれも地方都市に存在する既存の資源を巧みに活用し、これらを繋げ、新しい価値と独自の文化圏を創造していく。(五十嵐太郎)

403 Architecture [dajiba] was formed in 2011 by three graduates of Tsukuba University and Y-GSA at Yokohama National University. Because the members are in their twenties, it should probably be called part of the youngest generation. Their office is not based in Tokyo but in Hamamatsu, the hometown of one of its members. In fact, their work is developed not along the pattern of local celebrities, but rather from a network of creators of the same generation. Projects they undertake focus on such things as the renovation of urban areas and interiors: their own office, a hair salon, a warehouse, an optician, a clothing store, etc. As yet, they have few newly built projects, but their "skins" designs are characterized by the reassembly of old materials, recombination of places, and causing each project to transcend and transform its meaning. Tiny materials are taken up as architectural elements, and made to flow within the city. Furthermore, they have revived old building spaces constructed in the Showa period. They always make skillful use of existing materials that are already present in the local city, be it people, materials, or old buildings, connecting them to create new values and unique cultural spheres. (IGARASHI Taro)

浜松という
都市のネットワークが、
プロジェクトの
連鎖を生み出す。

The urban network of
Hamamatsu produces
the sequence of projects

渥美の床／短手に切断された天井の下地材（野縁）が敷き詰められている。柔らかな畳とも、フラットなフローリングとも
異なる質感の床が生まれた photo: kentahasegawa

われわれ3人が浜松に関わるようになったのは、メンバーのひとりである辻の出身地であることもあって、2010年に商店街の空き店舗活用のワークショップを企画運営したことからだった。

　地元学生にインスタレーションを制作してもらうというのがワークショップの主な内容であったが、その活動を通して商店街の店主、民間まちづくり組織、行政の市街地担当課といった人たちとの関係ができていった。

　その後、いくつかの仕事が見込めそうであったことから、2011年に浜松を拠点として建築設計事務所「403architecture [dajiba]」を設立したわけだが、われわれを特に惹き付けたのは、好きに「壊して」よい、という案件がいくつかあったことだ。十分な実務経験のなかったわれわれにとって、ひとまず「壊して」みることは、建物について知るよい機会だと思えたし、それも含めて考えることで、何か創造的なプロジェクトが可能になるような予感があった。

プロジェクトの連鎖をつくる

　最初のプロジェクトとなったのは、その商店街で美容室を経営しているオーナーの自宅の一室で、次にその美容室の休憩スペースを手掛けた。その後も、基本的には実際にわれわれのプロジェクトを見た人や関わった人、クライアントの友人、あるいはまたその友人からの依頼など、もともと浜松にあったネットワークを通じて次々とプロジェクトが展開していった。なので、同じ建物内に手掛けた案件が5件も入っていたり、プロジェクトの半数近くが徒歩圏にあるなど、分布は近傍に偏っている。依頼のされ方

左から彌田徹、辻琢磨、橋本健史
photo: kentahasegawa

も、取材された記事を見てやインターネットによる飛び込みというのはほとんど無く、クライアントからの紹介や、われわれが日常的に親交のあるネットワークのどこかから、必要とされた時にプロジェクトが立ち上がるような状況である。

　このようにしてわれわれは、これまでごく小さな仕事をいくつか行ってきたのだが、ある仕事で解体した材料を、別の新築プロジェクトに使用するなど、時にプロジェクトの境界を超えて関連させることもする。

　天井の野縁材を床に敷き詰めた「渥美の床」や、木製パレットと解体材を混ぜ合わせた「頭陀寺の壁」などは、そのようにしてつくることと壊すことを同時に考えたプロジェクトであった。そうすると次第に、新築、改築、解体というのは、それほど明確に切り分けられるものではないことが分かってきた。つくるにしても壊すにしても、マテリアルが移動しているということに変わりはなく、どんなに小さな仕事であっても、マテリアルが流動しているその一部として、都市的な視点を持って捉えることができるのだ。

渥美の床／和室だった部屋を、寝室としてベッドを置くために改修した。天井の野縁材を取り払い、切断加工後に床に敷き詰めた。材の経年変化で表面の色にばらつきが出ることも効果として狙った
photo: kentahasegawa

1. 頭陀寺の壁／家具店の倉庫。運送用パレットを解体して構造壁としている　2. 海老塚の段差／大きな基礎を室内空間の一部として取り込んでいる　photo: kentahasegawa　3, 4. マンションの一室ながら、店舗として使用されている

土地の慣習や特徴も「マテリアル」になる

われわれの考える「マテリアル」とは、単に物理的な材料のみを指すわけではない。大きな基礎を室内空間に取り込んだ「海老塚の段差」や、庭とテラスとリビングとをなるべく同様につくった「富塚の天井」など、標準的な仕様や慣習的な構成、あるいは都市的な構造も動かすことのできる「マテリアル」として捉えている。それらは、きれいさっぱりクリアランスすべきものではないし、どうにも動かすことのできない絶対的な条件でもない。廃材のように通常は見捨てられてしまうような事柄であっても、何か使い道があるのではないかと考えるし、標準的な仕様や慣習なども簡単に否定するのではなく、何とか動かせないかを考える。言い換えれば、建築をつくるに当たっては関係ないと判断されそうなことを、なるべく建築に巻き込んでいきたいのだ。

このようなことを実践していくためには、持続的に特定の地域で活動するのが有効である。「マテリアル」をリサーチ、ストックするには時間的な継続性を必要とするし、それらを活用する際には、物理的に近いということは有利に働く。われわれが行ってきたプロジェクトも、その時間的な継続性の中にあって、立ち上がり方や実行の方法、あるいは始まりと終わりとが明確に断絶しているわけではなく、都市におけるネットワークの中で仮設的に組み上がっている。

浜松での活動を始めて3年が経った今、関わった度合いは様々に違っても、日常の生活圏内に、竣工したプロジェクトを含めて何気なく立ち寄ることのできる場所がいくつもできたのは、そのような持続的な地域との関わり方を示す事象だ。

浜松の大きさが持っているおもしろさ

われわれの仕事は、その規模の問題もあるが、建設会社や工務店に施工を任せるというような方法を取ることは少なく、分離発注によって職人と直接やり取りを行うことが多い。そうした人たちは、フットワークが軽く融通が効くので、ごく小さな仕事でも依頼しやすく、ディテールの相談なども積極的

に行うことができている。また、単に設計者と施工者という関係だけではなく、クライアントと同様に日常的に親交がある場合もあるし、翻って彼らがクライアントとなることもある。

　また、設計業務以外のまちづくり系の活動を通して、不動産オーナーや行政職員、大学の先生、グラフィックやウェブのデザイナー、イラストレーター、あるいはボランティアとして参加してくれる学生らと関わることも多い。そのような沢山の人たちが、互いに何となくは顔見知りであるようなネットワークをつくっている。そのネットワークの中で、主体や実行メンバーがその都度必要に応じて組み換えられながら、大小様々なプロジェクトが行われる。

　コミュニティと呼ぶにはあまりに全体像が不確かなこのネットワークは、まちを変えているとは言えないまでも、浜松という都市に対して何らかのアクションを起こし続けている。われわれもそのごく一部であり、そのような関係性の集まりが意識されうるぎりぎりの規模感が、他のより巨大な都市や、より小さなまちにはない、浜松という都市の特徴なのだろう。われわれは、そこに可能性を感じている。

（TEXT：彌田徹＋辻琢磨＋橋本健史）

Profile

403architecture [dajiba]
彌田徹、辻琢磨、橋本健史の3人によって2011年設立。静岡県浜松市を拠点として活動している。2014年、〈富塚の天井〉で第30回吉岡賞を受賞。

彌田徹（やだ とおる）
1985年大分県生まれ。2011年筑波大学大学院人間総合科学研究科貝島研究室修了。

辻琢磨（つじ たくま）
1986年静岡県生まれ。2010年横浜国立大学大学院建築都市スクール（Y-GSA）修了。Urban Nouveau*を経て現職。

橋本健史（はしもと たけし）
1984年兵庫県生まれ。2010年横浜国立大学大学院建築都市スクール（Y-GSA）修了。

403architecture [dajiba]
Established by YADA Toru, TSUJI Takuma, and HASHIMOTO Takeshi in 2011. Activities focus on Hamamatsu city in Shizuoka prefecture. Projects include "The Difference of Ebitsuka" and "The Ceiling of Tomitsuka" / the 30th Yoshioka award in 2014.

YADA Toru
Born in Oita prefecture in 1985. Graduated from KAIJIMA Momoyo Lab, Graduate School of Comprehensive Human Science, University of Tsukuba in 2011.

TSUJI Takuma
Born in Shizuoka prefecture in 1986. Graduated from Yokohama Graduate School of Architecture, Yokohama National University (Y-GSA) in 2010. Worked for Urban Nouveau* before joining 403architecture [dajiba].

HASHIMOTO Takeshi
Born in Hyogo prefecture in 1984. Graduated from Yokohama Graduate School of Architecture, Yokohama National University (Y-GSA) in 2010.

富塚の天井／築40年の木造住宅のリノベーション。農園芸用の防風ネットを天井として用いている　photo: kentahasegawa

Chapter 5　地域資源を見直す

小津誠一＋宮下智裕＋松田達
KOZU Seiichi + MIYASHITA Tomohiro + MATSUDA Tatsu

Review

今回の展覧会を契機に結成された、小津誠一＋宮下智裕＋松田達の3名によるユニットは、「金沢都市再編計画2014」を提案する。美術館側は、展覧会がすでに存在するプロジェクトを紹介するだけではなく、そこから始まる新しい動きも仕掛けるべきだと考え、金沢の未来像を構想することを彼らに依頼した。小津は「金沢Ｒ不動産」と設計の活動を行い、金沢工業大学で教鞭を執る宮下はサスティナブル・デザインを探求し、都市計画を学んだ松田は建築家として活動しており、いずれも金沢に所縁を持つ。こうした出自を背景に、彼らのアイデアを組み合わせたのが、「金沢都市再編計画2014」である。それは半世紀前の高度経済成長期における丹下健三の「東京計画1960」やメタボリズムのメガストラクチャーのようなユートピア的なプロジェクトとは違い、金沢に存在するストックを有効活用し、新しいネットワークを形成しながら、都市を未来へと繋ぐものだ。震災も戦災も受けなかった地方都市が2015年の新幹線開通を迎える今、都市再編は考えるべきテーマだろう。
（五十嵐太郎）

The three-person unit of KOZU Seiichi, MIYASHITA Tomohiro, and MATSUDA Tatsu was formed for this exhibition, and has proposed a "Kanazawa Urban Regeneration Plan 2014." The curators requested them to conceptualize a future vision for Kanazawa, as the exhibition not only introduces existing projects but should also instigate new movements. Kozu is active in RealKanazawaEstate and design; Miyashita, who was educated at Kanazawa Institute of Technology, pursues sustainable design; and Matsuda, who studied urban planning, is active as an architect; all three have links with Kanazawa. Against these backgrounds, their ideas are combined in the "Kanazawa Urban Regeneration Plan 2014." Differing from utopian projects from the period of rapid economic growth half a century ago, such as the megastructures of the Metabolists and TANGE Kenzo's "A Plan for Tokyo 1960", the city is connected to the future while making effective use of Kanazawa's existing building stock and forming new networks. This regional city, which has not been struck by earthquakes or war damage, will welcome the arrival of a shinkansen line in 2015, and this is probably a theme that the city should think about. (IGARASHI Taro)

金沢都市再編計画2014
〈都市〉と〈まち〉を繋ぐ。

Kanazawa Urban Regeneration Plan 2014: Connecting "City" and "Town"

建築を軸に都市計画、まちづくり、不動産といった領域も手掛ける建築家、松田達(左)、小津誠一(中)、宮下智裕(右)の3人は、2014年より共に金沢に対する空間的な提案を行っている

金沢は、今、どう生まれ変わるべきか？

2015年春に北陸新幹線が開通し、金沢-東京間の時間的距離は約4時間から約2時間半へと短縮される。都市間競争が激化する中、日本における金沢のポジションは変化しようとしている。その時、金沢はどう生まれ変わるべきだろうか？ われわれ3人は、現在の金沢が直面している問題を踏まえたうえで、21世紀の金沢が目指すべきヴィジョンを提示してみたい。

構想の概要は以下の通りである。今、金沢が取ることができる3つの具体的な提案を行う。①「木質都市エリアの導入」 ②「文化疎開のための金沢蔵構想」 ③「ネットワーク型建築による都市の活性化」である。いずれも金沢城公園を中心とした金沢中心部への提案である。そしてそれらを金沢全体に繋げる ④「新交通システムの導入および在来線への接続」の可能性をあげて、江戸時代に形成された〈まち〉としての金沢と、明治期以降に拡大した〈都市〉としての金沢を橋渡しする。

①木質都市エリアの導入

江戸時代における金沢の経済の中心は、城の北側に位置する尾張町であった。今の金沢の中心である城の西側、香林坊・片町が本格的に繁華街として栄えるのは明治期以降のことであり、まちの中心は数百年をかけて城の北側から西側へと移動した。現在の尾張町には、いくつか歴史的な木造建築物や初期の鉄筋コンクリート建築などが残るものの、それらは点在しているに過ぎず、さらに近年では虫食い状に駐車場化が進んでおり、当時の面影を見つけるのは難しい。

そこで、この尾張町の一角に「木質都市エリア」を導入する。このエリア内では、歴史的な木造建築の保全、木造耐火中高層建築の建築、既存非木造建築の低層部木質ファサード化といった方法を組み合わせることによって、新旧を織り交ぜた連続的な木質ファサードによる街並みをつくる。

この試みの背景には、2000年の建築基準法改正により木造耐火建築が可能となったこと、2010年に公共建築物等木材利用促進法の施行により、非木造化の方針から一転して住宅建築以外への木材利用の機運が高まったこと、また近年の新技術により木造中高層建築が現実味を帯びてきたことなどがある。さらに金沢は、全国的にも高い職人技術が培われてきたまちである。まち並みの木質化は、最新の建築技術と共に、その職人技術を次世代に発展的に継承させることも意図している。

②文化疎開のための金沢蔵構想
　東日本大震災によって、日本における文化財の破壊、紛失のリスクが浮き彫りになった。公的文化財はもちろん、私的文化財に至っては、個人蔵の様々なコレクションが、収集者の高齢化や死去に伴って散失されつつある状況であり、可能な収集保管は国家的な急務でもある。
　金沢は全国的にも地震や台風などの災害が少ない都市である。津波のリスクも太平洋側に比べて低い。実際、金沢市域に被害を及ぼした地震は、1586年の天正地震、1717年の享保地震、1799年の寛政金沢地震、1891年の濃尾地震しか知られていない。東日本大震災以後、企業などでは太平洋側から北陸へと拠点を移す動きも見られる。
　一方で、金沢は伝統工芸をはじめとして、芸能や料理、和菓子など、文化芸術活動が盛んであり、2009年にはクラフト分野においてユネスコ創造都市ネットワークにも認定された。
　そこで金沢を日本の大きな「蔵」と見立て、いわば日本の「文化疎開」を行う。丘状の金沢城公園の一角に「蔵」を用意し、保管が懸念される全国の文化財を保護すると共に、展示、研究、交流のための空間として整備する。
　このような空間は金沢中心部に限らず、地理的に災害リスクの少ない場所に散りばめられてもよい。各地の文化を保護すると共に、ビジネスとも連携させ、世界に発信する契機とする。北陸新幹線の開通は、金沢の「蔵」としての活用を促し、その地政学的意義を捉え直すだろう。

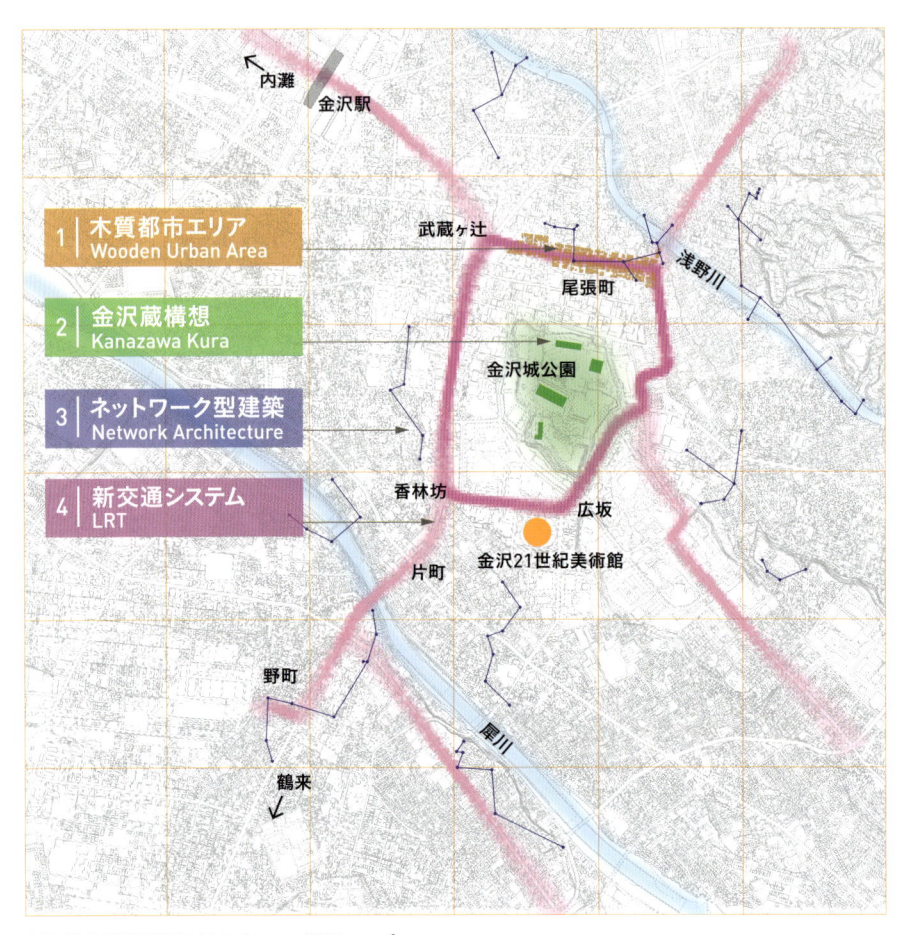

金沢都市再編計画2014／4つの構想マップ

③ネットワーク型建築による都市の活性化

　金沢には多くの町家や歴史的建造物が残されている。それらは金沢の文化的景観を構成する重要な要素であるが、空家となるものも多く、放っておけば減少の一途をたどる。これら既存のストック建築は、単体では利活用が容易でないが、群としてネットワーク的に捉えることにより、新たな使い方が可能となる。ここでは「ネットワーク型建築」の可能性とその発展的展開方法の提示を行う。

　「町家ネットワークホテル」は、金沢におけるネットワーク型建築の

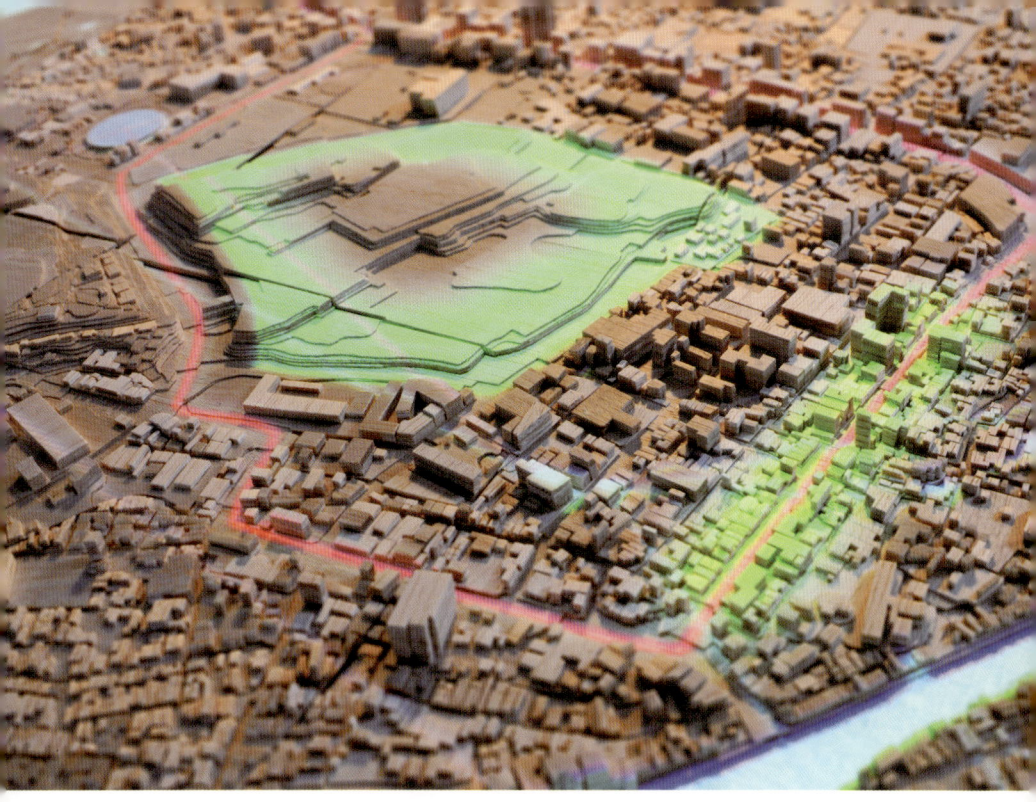

金沢中心部都市模型に、「金沢都市再編計画2014」をプロジェクション

具体案である。まちに点在する町家を客室とし、周辺の飲食店やサービス業と連携することにより、質の高い宿泊施設を構築すると同時に、地域を活性化させる。スマートフォンで予約をし、鍵を開けることも想定される。町家はリノベーションを行いながら、歴史性を継承する。ホテル以外にも、複数の建築物がひとつの機能を果たす分散的建築の可能性が想定される。

　ネットワーク型建築を意識した、町家など既存ストック建築の新たな活用例が「工芸建築」である。金沢は工芸が盛んな都市である。少子高齢化が進む現在、若い世代への工芸の継承が危機にさらされており、また作家や工芸品の流出も懸念される。そこで工芸作家の技術を活用してストック建築をリノベーションすることにより、いわば「動産」である工芸を「不動産」である建築と結び付け、工芸を建築に定着させ

ると同時に、建築と工芸の両者に新たな価値を与え、再生保存へと繋げる。これは工芸が息づく金沢ならではの再生方法と言える。

④新交通システムの導入と在来線への接続

　金沢中心部の主要交通は、バスと自動車、そしてタクシーである。しかし今後の人口縮小社会において、自動車交通からの転換と歩行空間の拡大は、金沢の喫緊の課題である。同時に郊外への無秩序な拡大を防ぎ、市中心部と郊外をスムーズに連結することも、金沢には求められている。そこで、金沢中心部に新交通システム（LRT）を導入すると同時に、これを金沢駅から内灘を繋ぐ浅野川線および野町から鶴来を繋ぐ石川線と、乗り入れ可能な路線として接続させる。

　中心部では金沢城公園を周回する環状線を構成する。現在の金沢の発展は、金沢駅、武蔵ヶ辻、片町・香林坊を3極とした線状の発展モデルに従っているが、環状の発展モデルにより尾張町、広坂を加えることで、都市中心部の回遊性を強化する。

　これは1967年まで金沢を走っていた路面電車の路線が保持していた環状構造を甦らせることでもあり、さらには江戸時代の金沢が持っていた「城を中心とした都市構造」を継承することでもある。

〈都市〉と〈まち〉を繋ぐこと

　金沢は〈都市〉としては小さく、〈まち〉としては大きい。都市は〈都市計画〉を必要とし、まちは〈まちづくり〉を必要とする。であれば、金沢が必要としているのは、〈都市〉と〈まち〉を繋ぐこと、そしてマクロな〈都市計画〉とミクロな〈まちづくり〉を繋ぐことではないだろうか。

　われわれが提案する「金沢都市再編計画2014」は、木質都市エリア、金沢蔵構想、ネットワーク型建築といった〈まち〉的提案と、新交通システムの導入や都市構造の再解釈といった〈都市〉的提案を、地理的にも機能的にも有機的に絡み合わせ、金沢を「小さな〈まち〉の集積によるひとつの〈都市〉」として再編するものである。ソフトとハー

ドを繋ぎ、〈まち〉から〈都市〉へとシームレスに金沢を捉えることを促す、21世紀の金沢のためのヴィジョンである。

　ここで提起する〈都市〉と〈まち〉を繋ぐことの重要性は、金沢だけにとどまらない。日本における地方の中小都市全般に対して当てはまり、一般化される問題である。既存の都市計画やまちづくりの方法論での行き詰まりに対して、その中間的な領域からのアプローチが、突破口を見い出させてくれるだろう。(TEXT：小津誠一＋宮下智裕＋松田達)

Profile

小津誠一(こづ せいいち)
1966年石川県金沢市生まれ。武蔵野美術大学造形学部建築学科卒業。建築設計事務所勤務、京都精華大学非常勤講師などを経て2003年 E.N.N. を設立。建築設計チーム「studio KOZ.」、不動産チーム「金沢R不動産」を率いる。

宮下智裕(みやした ともひろ)
1968年静岡県生まれ。南カリフォルニア建築大学(SCI-Arc)修士課程修了後、芝浦工業大学大学院工学研究科において博士(工学)号を取得。現在、金沢工業大学環境・建築学部建築デザイン学科准教授。サスティナブルデザインを中心とした産学連携や設計活動を行う。

松田達(まつだ たつ)
1975年石川県生まれ。1999年東京大学大学院建築学専攻修了。隈研吾建築都市設計事務所を経て、パリ第12大学DEA課程修了後、松田達建築設計事務所設立。東京大学先端科学技術研究センター助教。主な作品に〈JAISTギャラリー〉など。

KOZU Seiichi
Born in Kanazawa, Ishikawa prefecture in 1966. Graduated from of the Department of Architecture, Musashino Art University. After working for various architectural offices and being a part-time lecturer at Kyoto Seika University, he established E.N.N. in 2003. He leads the architectural design team Studio KOZ. and the real estate team.

MIYASHITA Tomohiro
Born in Shizuoka prefecture in 1968. After graduating from SCI-Arc, obtained his Ph.D. from the Graduate School of Engineering, Shibaura Institute of Technology. Currently, he is an associate professor at the College of Environmental Engineering and Architecture, Kanazawa Institute of Technology. His design activities and industry-university collaborations focus on sustainable design.

MATSUDA Tatsu
Born in Ishikawa prefecture in 1975. Completed the Graduate School of Engineering, The University of Tokyo in 1999. After working at Kengo Kuma & Associates and completing the DEA (Diplôme d'études approfondies) at the University of Paris 12 (Université Paris-Est Créteil), he established Tatsu Matsuda Architects. He is an Assistant Professor at the Research Center for Advanced Science and Technology, The University of Tokyo. His most important works include JAIST Gallery.

PROJECT 3

金沢人が大阪のビルマニアと市内の1950〜70年代のビルを調査した
「金沢まちビル調査」
"Kanazawa town building survey" dating from the 1950s through to the 1970s

第2次世界大戦で空襲の被害を免れた金沢は、近世から近代、そして現代に至るまでの各時代の建築がモザイク状に軒を連ねる都市である。「金沢まちビル調査」では、大阪を拠点に活動するBMC（ビルマニアカフェ）のメンバーと金沢市近郊に住む人々が、高度経済成長期に建てられた金沢市中心部の「ビル」にスポットを当て、金沢の新たな街の魅力を発掘する調査を行った。

BMC（ビルマニアカフェ）
1950〜70年代に建てられたビルを愛する5人のグループ（高岡伸一・阪口大介・夜長堂・川原由美子・岩田雅希）。大阪をフィールドに、書籍やリトルプレス「月刊ビル」の発行、イベントの開催など様々な方法でビルの魅力を発信し、使いこなすことを実践している。主な著書に『いいビルの写真集』、『いい階段の写真集』（共にパイ・インターナショナル）。夏には大阪の味園ビルの元キャバレー「ユニバース」でイベントを開催している。

BMC (bldg mania cafe)
A group of five people (TAKAOKA Shin'ichi, SAKAGUCHI Daisuke, YONAGADO, KAWAHARA Yumiko, IWATA Masaki) who love buildings constructed in the 1950s through to the 1970s. With Osaka as their area, they convey the charm of these buildings through various methods, such as the publications in books and the small print-run journal "Monthly Building," as well as the organization of events, and practically engagements. Their main publications include Photograph Collection of Good Buildings and Photograph Collection of Good Staircases (both published by PIE International). During the summer, they hold an event at the hall in the Misono Building in Osaka, which until recently was the location of the cabaret "Universe."

前列左から高岡伸一、岩田雅希
後列左から夜長堂、阪口大介、川原由美子

金沢まちビル調査隊
荒木駿平／石井淳／犬丸徹也／上田律子／福田栄史／水野直樹／渡邊麗香／落合博晃／猿橋舞子／広本加奈恵

"金沢まちビル"とは？

伝統的な武家屋敷や町家の街並み、また明治以降の西洋化で建てられたレトロビルなどと異なり、戦後の高度経済成長期に建てられたビル建築が注目を集めることは少ない。しかしよく見てみると、そこにはこの時代に特有のデザインや素材、また建てた人々の思いがあり、金沢の景観や歴史にとって、かけがえのない存在であることが分かってくる。そんな金沢のビル建築を、町家ならぬ「まちビル」と名付けてみた。

高度経済成長期のビルが街並みを形成している石引通り
photo: 水野直樹

photo: 水野直樹

金沢まちビル調査のプロセス

調査隊員を募集
金沢市近郊に在住の高校生以上を対象に調査隊員（ボランティアスタッフ）を募集。

→

レクチャー・説明会
BMCの大阪での活動をスライドで紹介し、ビル調査のポイントをレクチャー。(7/5)

→

まちあるき
BMCのメンバーと調査隊員で金沢市中心部を歩き、ビル調査を行った。外から見るだけでも、ファサードのデザインやタイル、窓（サッシ）、サインなど注目すべきポイントが。まちあるきで感覚を掴んだ隊員には次回までに、それぞれが思う「金沢まちビル」を1〜2件探し、撮影して報告する宿題が出された。(7/12)

→

調査結果発表会
第1回：隊員が調べた「金沢まちビル」を報告。選んだ理由、よいと思った点などを発表し、BMCメンバーが講評。発表されたビルのほとんどが高度経済成長期に建てられたものだったが、中には戦前の建物や1980年代のビルも混じっていたため、見極めるポイントを解説。(7/27)

第2回：前回の発表会同様に、1人1〜2件のビルを報告。前回と比べて調査隊員のビルを見る目が鋭くなり、内容の濃い発表会となった。全4回のワークショップを終えて、「街を眺めるのが楽しくなった」「街に対する愛着が強まった」「街を見る視点が変わった」といった感想が聞かれた。(8/3)

→

ヒアリング・調査
ワークショップで集まった情報をもとに、BMCメンバーと金沢21世紀美術館キュレーター、ボランティアスタッフでビルのオーナーや入居者の方にヒアリングを行った。建物ができるまでの背景や竣工当時のことを取材し、過去の文献や資料の貸し出しを依頼した。

Chapter 5　地域資源を見直す

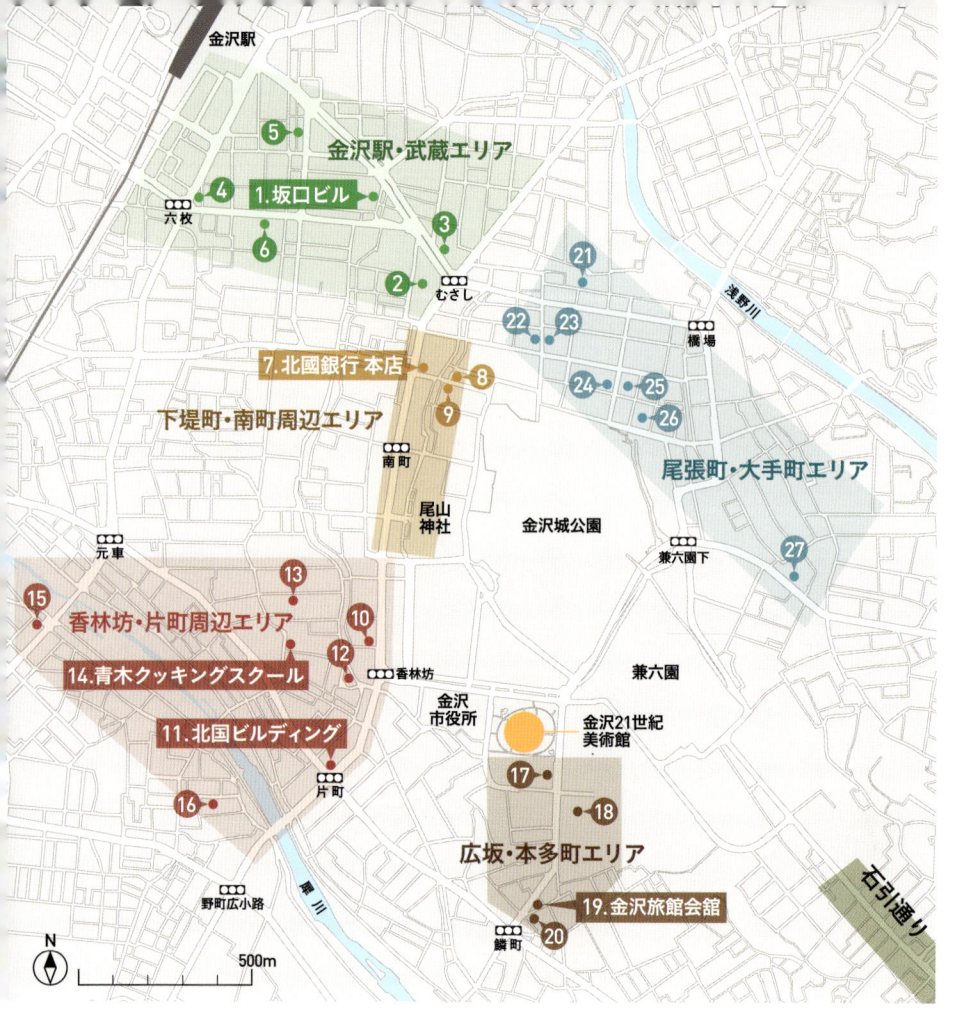

金沢まちビル MAP

調査方法：金沢市内中心部を対象エリアとして、隊員それぞれが思う「金沢まちビル」を探して写真を撮影し、ビルの名称と所在地、特徴を報告。集まった情報から集合住宅や年代が対象外のビルを除き、上記の MAP にまとめた。

❶ 坂口ビル ❷ 金沢スカイビル ❸ のと共栄信用金庫 旧金沢中央支店 ❹ 越田ビル ❺ 金沢オークボビル ❻ きんしん保険サービス ❼ 北國銀行 本店 ❽ 金沢市西町教育研修館（旧石川県繊維会館）❾ 池田ビル ❿ 日本銀行 金沢支店 ⓫ 北国ビルディング ⓬ 純喫茶ローレンス ⓭ 旧石動左官工業所社屋 ⓮ 青木クッキングスクール ⓯ 安全研ビル ⓰ 金沢ニュースタイル編物学院・ニュースタイル手あみスクール（沼田ビル）⓱ 石川県郷友会 ⓲ 石川県立図書館 ⓳ 金沢旅館会館 ⓴ 浦建築研究所（旧片岡ビル）㉑ 佐波 ㉒ 岡田レンタルビル ㉓ 金沢近江町郵便局 ㉔ 刊広社 ㉕ NHK金沢放送局 ㉖ NTT 西日本 白鳥路ビル ㉗ シオタニ

🡢 金沢駅・武蔵エリア

金沢駅と武蔵ヶ辻を結ぶ中心市街地最大の大通りは、1996年に建設された新しい道路。表通りは再開発された現代的な街並みだが、かつて市電が通っていたルートなどにはまちビルが残る。1973年に完成した金沢スカイビルは当時日本海側最高の高さを誇り、オープン時は街がお祭り騒ぎとなった。

🡢 下堤町・南町周辺エリア

金沢随一のビジネス街には、都市の中枢企業が軒を連ねる。その分開発スピードが速く、いち早くビルの更新・高層化が進み、沿道のまちビルが姿を消しつつあるエリア。東側に一本入ると、高度経済成長期に建てられた会館建築などを見ることができる。

🡢 香林坊・片町周辺エリア

昭和のはじめから繁華街として発展してきた香林坊・片町周辺には、当時のモダン文化の香りを引き継ぐまちビルが今も残る。大通りは戦後に道路の拡幅と歩道の整備、そして沿道建築の不燃化が進められた。複数の店舗がひとつのビルを共有する「共同ビル」は、都市を守る防火帯として建てられたまちビル。

🡢 広坂・本多町エリア

中心市街地で戦後最も様変わりしたエリア。広い直線道路が建設され、沿道には観光会館(現・金沢歌劇座)や図書館など、大規模な公共建築を中心とするシビックセンターが形成された。1967年に完成した北陸放送会館(現本社)のシックなロビーからは、加賀藩家老・本多家の庭園「松風閣」を臨むことができる。

🡢 尾張町・大手町エリア

昭和に入って賑わいの中心が香林坊・片町に移るまでは、このエリアが市街地の中心だった。民間による戦前までの近代建築も見られ、各時代の建築の歴史的混在度が最も高い。城下町から発展した都市では、大手門前に郵便局や放送局、電電公社(現NTT)といった都市インフラを支える施設が並ぶことが多い。

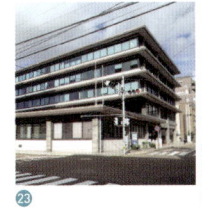

🡢 石引通り

石引通りはまちビルストリート。古くから小立野台地の商店街として栄えた通りは、1965年から始まった近代化によって道路が拡幅され、沿道の建築も鉄筋コンクリートのビル群に様変わりした。その後目立った開発がなく当時の街並みが今も残り、金沢の中でも随一のまちビル度を誇る。老舗が多いため、何となく和の雰囲気を感じさせるのも面白い。

解説：髙岡伸一 photo：水野直樹

Chapter 5 地域資源を見直す

青木クッキングスクール MAP⑭

武家屋敷跡で知られる長町で異彩を放つ、ユニークなデザインのまちビルは、1971年に建てられた料理研究家の自宅兼料理学校。設計は建築家として独立したばかりの親族が担当した。女性が集まる場所であることを意識してか、全体に丸みを持たせたデザインが特徴で、3階の自宅へ直接アプローチする外部階段がよいアクセントになっている。

建設年	1971年（昭和46）
所在地	金沢市長町1-1-17
設　計	繁建築設計事務所（青木繁）
施　工	清水建設
構　造	RC造3階

2階の調理室。つくり付けの家具も角は全て丸みを持たせている

当時ヨーロッパから導入された高機能サッシ。2重ガラスの間にブラインドが内蔵されている。これも角は丸い

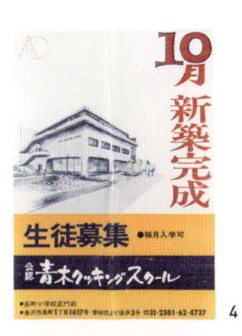

竣工時の外観。現在は右手エントランスのテントが撤去され、1階は金沢の郷土料理レストランとなっている

外壁の細かな凹凸は、緩衝材のエアパッキンで型を付けたもの

ビルと私

青木クッキングスクール 校長
四季のテーブル 主宰

青木悦子さん

この場所は戦後、GHQに接収されていた所です。外資系商社に勤める主人と結婚して、家を建てる場所を探していた時に売りに出されていることを知り、購入しました。夫婦ともに角地で育ったこともこの場所に決めた理由です。料理学校は昭和32年に長町料理塾として開校しましたが、生徒さんが増えて手狭になってきたため、住居兼料理学校としてこのビルを建てました。設計を担当してくれた主人の弟は清水建設の元社員で、この設計が独立後初の仕事となりました。このビルには、当時私たちが思い描いていた夢が詰まっています。竣工当初と比べると中は少し変わっていますが、1階フロアと階段が私のお気に入りの場所でした。

photo1-5：水野直樹

Chapter 5　地域資源を見直す

北国ビルディング MAP⓫

金沢市街を代表する交差点に正面を向けて建つ8階建のまちビルは、発展著しい金沢に進出を狙う一流企業の支店の受け皿として、1965年に建てられたテナントビル。金沢を代表するビルとすべく監修に金沢市出身の建築家、谷口吉郎を迎え、外壁には風格を感じさせる有田焼の特注タイルが張られた。かつては繊維業界の社交倶楽部があり、金沢経済界のサロンとして機能していたことが覗える。

2階のエレベーターホール。大理石の壁とタイル壁の質感の対比が面白い。床仕上げは改修されている

建設年：1965年（昭和40）	所在地：金沢市片町2-2-15
設　計：戸田建設	監　修：谷口吉郎
施　工：戸田建設	構　造：SRC造8階、地下2階

百万石通りにみる銀行建築の変遷

1. 2. 3. 4.

明治以降、地域の経済を象徴する銀行は、各時代を代表するような建築を建ててきた。金沢のメインストリートである武蔵ヶ辻から香林坊の沿道を見てみると、尖塔アーチ窓の西洋様式を残す旧加能合同銀行本店（現・北國銀行武蔵ヶ辻支店）から、近代的ながらもどこか古典の重厚さを感じさせる日本銀行、そして高層化されてよりモダンにデザインされた北國銀行本店へと、そのデザインの推移を見て取ることができる。

1.1932年に村野藤吾によって設計され、2009年の再開発で保存された旧加能合同銀行本店（現・北國銀行武蔵ヶ辻支店） 2.1954年に竣工した日本銀行金沢支店。設計は山下寿郎設計事務所 3,4.戦後の金沢を代表する建築のひとつである北國銀行本店。営業室は大きな吹抜になっている

北國銀行 本店 MAP❼

建設年	：1958年（昭和33）
所在地	：金沢市下堤町1
設　計	：日建設計
監　修	：竹腰健造
施　工	：大林組
構　造	：SRC造5階、地下1階

photo：水野直樹

トイレにあるモザイクタイルの手洗いと、青みがかったガラスブロックの壁

金沢旅館会館 MAP⑲

慶應2年に金沢旅籠屋組合として発足した歴史を持つ、金沢市旅館ホテル協同組合のビル。焼きもののような深い輝きを持つ釉薬タイルや、角に丸みを持たせた窓のデザインはこの時代に特徴的なもの。竣工当時はハイカラで先端的なビルとして、憧れの的だったという。外部階段で昇っていくアプローチや、3階以上に張られたタイルが建物全体を地面から浮いたように見せて魅力的。

建設年：1968年（昭和43）	所在地：金沢市本多町3-10-26
設　計：辻利雄	施　工：不詳
構　造：RC造3階、地下1階	

坂口ビル MAP❶

間口の幅一杯を使って設けられた窓と両端に設けられた袖壁、そして1階と上階でデザインを切り替えるスタイルは、まちビルに見られるひとつの典型。坂口ビルは2階以上が集合住宅になっていて、窓の腰部分に設けられた目隠しのルーバーは町家の格子にも通じる。現在1階にはデザイン事務所がスタイリッシュなオフィスを構えていて、今後の金沢まちビルの可能性を感じさせる。

車路の上のスペースがデザイン事務所のオフィス

建設年：1968年（昭和43）	所在地：金沢市本町1-2-1
設　計：不詳	施　工：不詳	構　造：RC造4階

photo: 水野直樹

Chapter 5　地域資源を見直す

写真左から／高岡伸一、夜長堂、川原由美子、阪口大介　photo: 佐谷圭

座談会

金沢は「まちビル」と「まちビル人」の宝庫だった！

金沢市民と一緒に4回の「まちビル調査」ワークショップを行った
BMCのメンバーに、金沢のまちビル事情はどう映ったのか。
また調査に参加した人たちのまちビル熱はいかがなものか。
そんな総括的座談会を開いてもらった。

街の見え方が変わった

阪口　金沢まちビル調査、終わりましたね。すごく楽しかったです。

夜長堂　個性的でかっこいいまちビルがザクザク出てきましたよね。金沢は知られざるまちビルの宝庫だったなあ。

高岡　金沢の建物といえば「木造の町家」のイメージがどうしても強い。金沢は空襲を受けていないから素敵な木造の古い町家があちこちに残っていて、観光客だけでなく金沢市民も、そちらに目と意識が向いていて、まちビルの存在にあまり気付いていなかったんだと思います。

川原　一緒に街を歩いたみなさんも、「街の見え方が変わった」と言ってました。で、いったん目覚めると、どんどん素敵なまちビルが見つかっていく。

阪口　いわゆる「まちビルアンテナ」が作動し始めるんですよね。ここら辺に面白いまちビルがありそうだぞ、って。

川原　参加してくれた金沢の人たちのアンテナ感度も高かったしね。一度私たちと一緒にまちあるきしたら、一気にコツを覚えたみたい。「いかにまだ知られていない素敵なまちビルを発見してくるか」といったゲーム感覚も楽しかったのかな。

夜長堂　写真の撮り方だって、1回目と2回目ではまったく違ってた。

高岡　それほど金沢のまちビルが魅力的だということもあるし、もうひとつは金沢ではこの分野が未開拓だから、自分が発見者になる喜びもある。

阪口　それと、まちビルの存在や魅力に何となくは気付いていたんだけど、それをどう伝えていいか分からなかったという人たちにとっては、「ああ、そういうことか！」だったと思う。

高岡　何となく気になっていたものに、明確な名前が付いたりするからね。

川原　たとえば「釉薬タイル」とか「袖壁」とか……。

夜長堂　そう。心をザワザワさせるものの正体が判明して、誰もが分かる言葉で

表現できるようになる。それはそのまちビルの魅力を人に伝えるためにも大事なポイントだと思う。

まちビルが新しい都市資源に?!

川原 まちビル調査って、単体の建築だけでなく、その街の隠れた魅力を発見することでもありますよね。

高岡 そう。そして普段何気なく通り過ぎていた建築や街並みの魅力に気付くことで、街への愛着と誇りが高まっていく。シビックプライドってやつですね。

阪口 そこから、「ここで働きたい」とか「このビルに住みたい」って思う気持ちが生まれて、やがて様々な活動が始まったりするんだと思います。

高岡 まちビルを知り、活用するってことは、その背後にある都市の歴史や人の物語を継承するということでもあるよね。そのビルが生まれた時のこと、そしてオーナーがそのビルとともに歩いた人生、そんなものをビルと一緒に引き受けて、使っていく。それがその街の歴史と風土そのものに重なっていく……。

夜長堂 それにしても金沢にはほんとにいいまちビルが多いから、大阪みたいにビルを使ってイベントやりたいなあ。

阪口 調査結果をまとめて本にするのもいいね。新しい切り口のガイドブックになるかもしれない。金沢のまちビルは、十分に新しい資源になると思う。

川原 そうですよね。ここで一日過ごすためだけに金沢に来たい、と思えるまちビルの喫茶店なんかもありましたよ。

高岡 今回のワークショップをきっかけに、まちビルを活かして金沢をもっと楽しくする動きが、地元金沢の人の中から出て来れば嬉しいですね。

金沢まちビル調査隊員の声

→ 高度成長期の建築物には勢いがあると感じました。存在感がありシンプルで重々しい建築物でも、一部に精巧な格子・サインを設けたり、装飾的な門扉・手すりを設けたりと繊細な部分も持ち合わせています。日本が一番頑張っていた時代、そこを行き交う人々がどんな未来を思い描いていたか想像の幅が広がります。**(上田律子さん)**

→ 普段何気なく見ている街並みや建物に対して興味が湧くようになり、街を見る視点が変わりました。見方を教わった戦後〜70-80年代の建物に対する"嗅覚"が、少し身に付いた気がします。**(石井良さん)**

→ 調査に参加して以来、街に建つビルを見て何年代に建てられたビルだろうと思うようになりました。好きなビルは、個人事務所などの小規模な長方形のビル。外壁がタイルだとたまりません。**(福田栄史さん)**

→ 今まで見ていた風景が一気に変わり、新たな街の楽しみ方が増えました。毎日のように新しいまちビルに出会えます。まちビル、最高です! **(渡邊麗香さん)**

Chapter 6

住まいをひらく

日本人が1家族＝1住居で暮らすようになったのは、戦後の持ち家政策が功を奏したからでしょう。かつては書生や女中、親戚や非家族の同居は、珍しいことではありませんでした。『サザエさん』が描いたような親密な近所付き合いも存在したでしょう。山本理顕は、家族＝住居という常識が日本を硬直化させたと批判し、地域社会圏を提唱したり、彼の設計する集合住宅でも職住接近や共有スペースのあり方を探っています。実際、戦後日本の住居モデルと現代社会の対応関係は、うまく機能しなくなっています。この章では、住まいをひらく3つのケースを紹介します。光嶋裕介が設計した「凱風館」は、住居兼道場ですが、顔の見える知人に対してパブリックな空間を内包する家です。シェアハウスは近年注目されていますが、成瀬・猪熊建築設計事務所の「LT城西」は、リノベーションの事例が多い中、新築のデザインによってシェアの空間を実現しました。そしてブルースタジオは、不動産と設計の活動を繋ぎながら、リノベーションを手掛け、居住者同志あるいは近隣とのコミュニティの構築を目指しています。

（五十嵐太郎）

Chapter 6 | Opening the house

The Japanese probably started to live as one family per house owing to the success of policies that promoted home ownership after the Second World War. At one time, it was not unusual for houseboys, maids, relatives, and non-relatives to live together. Probably intimate neighborly relations such as depicted in the cartoon Sazae-san also existed. YAMAMOTO Riken asserts that the common practice of one family for one house is a rigidification of Japan; he proposes a regional community sphere, and in his collective housing projects he searches for solutions in the shared spaces, and a closeness between work and home. In practice, the residential formation of postwar Japan didn't correspond to modern society. In this section we introduce three case studies on opening up the house. Gaifukan, designed by KOSHIMA Yusuke, is both a house and a training hall but is also a home that contains a public space for acquaintances. The shared house has recently drawn attention, but LT Josai by Naruse Inokuma Architects is a realization of a shared space in newly built architecture amid numerous examples of renovations. In its renovations, blue studio aims at constructing a community with the neighborhood or colleagues of the inhabitants, while connecting real estate and design. (IGARASHI Taro)

光嶋裕介
KOSHIMA Yusuke

Review

光嶋裕介にはいくつかの顔がある。もちろん建築家であり、若手ながらすでに4冊の単著を刊行した著述家であり、ギャラリーでも展示される幻想的な建築画のドローイングを描く美術家的な側面もある。さらに思想家、内田樹のコミュニティに属する好青年としてのキャラクターもある。旅に出てスケッチを描き、文章を書くことは、ル・コルビュジエに通じるだろう。興味深いのは、内田が彼に自邸の仕事を依頼した経緯である。下調べをせず、ほとんど人間的な直感だったと言う。内田はシラバスを開示するなど、サービス業と化した教育を批判していたが、まさにその実践としてふたりの関係が始まった。完成した「凱風館」は、道場、寺子屋、サロン、雀荘、図書館など、パブリックな場を抱えた住宅として生き生きと活用されている。様々な空間を持つ小さな家の集合体のように設計されたみんなの家だ。執筆とドローイング、ユニークな施主と出会い、素材にこだわる建築家像という意味では、早稲田大学在籍時の師匠、石山修武の系譜も継いでいる。（五十嵐太郎）

KOSHIMA Yusuke has several faces. Of course, he is an architect, but he also is a writer who published four sole-authored books while still young, and has an artistic side as the creator of visionary architectural drawings exhibited in galleries. He is also a thinker, and has the character of the fine young men affiliated with the community of UCHIDA Tatsuru. His travelling, making sketches, and writing books perhaps makes him akin to Le Corbusier. What is interesting is his experience of being commissioned by Uchida for his own home. Without preparatory studies, it was nearly all done by personal intuition. Uchida has been criticized for disclosing his syllabuses and turning education into a service industry, but their relationship actually started through such practices. The completed Gaifukan is used in a lively manner as a house that encompasses public spaces including a training hall, a temple school, a salon, a mahjong parlor, and a library. It is a home for all, designed as a grouping of small houses with various spaces. In addition to writing and drawing, he continues the lineage of ISHIYAMA Osamu, his professor while he was studying at Waseda University, in the sense that he displays the image of an architect who insists on using raw materials and encountering unique clients. (IGARASHI Taro)

地域や仲間のために、ひらかれた自宅をつくる。

Making houses that are open to the neighbors and friends

85坪の敷地ほぼいっぱいに建つ「凱風館」。大屋根にしないことで、威圧感を消してまちに馴染ませた。用途で色分けしており、外からもゾーニングが分かる

Chapter 6　住まいをひらく

私の独立後初めての作品となった「凱風館」の施主は、かねてから私がその著作を愛読し、一方的に「内田先生」と呼んで尊敬していた、哲学者で武道家の内田樹さんだった。

　初めて読んだ『ためらいの倫理学』という本は、文章も膝を打つばかりの内容だったが、山本浩二画伯による装幀も素晴らしかった。山本画伯とは、大学生の時に「設計演習」というドイツのバウハウス教育を範にした授業で指導してもらったのを機に、その創作に対する姿勢や言葉に感動し、以後、個展の案内をいただくような交流を続けていた。

　大学院卒業後、ベルリンの設計事務所で4年働いた後に帰国した私は、内田先生の『日本辺境論』という本を読んで深く感銘を受け、数年ぶりに山本画伯に電話をした。その電話で、山本画伯と内田先生とは中学時代からの幼なじみであることを知った。

　この一本の電話がきっかけで、山本画伯から内田先生宅で月1回開催されている麻雀大会に誘ってもらった。学生時代は、よく友人たちと牌を握っていたのだが、ドイツから帰国して間もなかった私は、このとき実に7年ぶりに麻雀を打つことになった。それも尊敬する内田先生のご自宅というシチューエーションで。

　しかし、本当に驚いたのは、卓を囲んでいた時に「道場を建てたい」と内田先生が発言されたことだった。「僕は建築家です。ぜひ、その道場を設計させてください」と猛アピールした。そして、2か月後、「土地を買いました」というタイトルのメールをいただき、建築家として夢のような初依頼を受けたのだった。

道場、能舞台、寺子屋、宴会場、そして自宅

　「宴会のできる武家屋敷」というのが、内田先生の要望だった。具体的には、1階には75畳の合気道の道場があり、その畳を上げれば能の敷舞台にもなる。背景の「老松」は山本画伯に描いてもらいたい。2階には、仕事場としての書斎と広い客間があり、さらに自宅もあるという複合的

な建築が希望だった。

さらには、「京都に木こりをしている古くからの友人がいるから、彼の山の杉を使って欲しい」とも言われた。ひとつの建築をつくることがこれほどまでに複雑なことで、多くの人との恊働であることを思い知った初仕事だった。

何より、内田先生夫妻と設計の打ち合わせをしている際に、「弟子の誰々がこういう風にして欲しい」とか、「○○さんが来たらこうしたいから」といったように、内田先生が発する言葉の多くが、他人の視点を考慮しているのが印象的だった。つまり、「自分がこういう家にしたい」ということより「みんなのためにこういう場所にしたい」ということが先行する内田先生の言葉遣いだったのだ。

家とは普通、購入したお施主さんが「自分のものとして所有する」ものなのだろうが、内田先生は、家族はもちろんのこと、150人を超す合気道の弟子や友人知人と過ごすための場所をつくろうとしているようだった。

機能ごとの空間の集合体を設計する

そこで私は、「みんなの家」というコンセプトを立てて、設計に挑むことにした。単に家族のためだけの家ではなく、内田先生の合気道や出版に関係する人々や、能楽師である奥さんの関係者も含め、実に多種多様な人たちがこの建築を利用

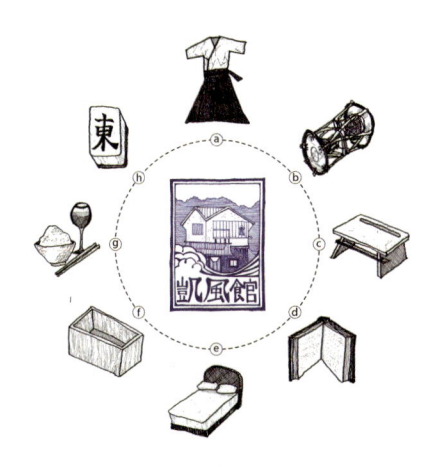

「凱風館」は、個人住宅であると同時に、合気道、麻雀、能、書斎など、様々な行為や活動の舞台となる。それらがうまく住み分けられながら、時に繋がり、時に融合するような空間づくりが、施主の希望だった。その関係を整理し、各空間の配置を考察するために、筆者がつくったのが左の曼荼羅図

することになるので、より多面的な想像力を働かせることを意識したのである。つまり多視点であることが、このプロジェクトの特徴だった。

　重要なのは、ここで言う「みんな」が、慈善活動などの類いによる不特定多数の「みんな」ではなく、はっきりと顔の見える「みんな」であることだ。緩く結ばれた共同体、あるいは拡大家族と言い換えてもいいかもしれないが、そういう人たちとたくさんの物語を共有する建築を考え、多くの使われ方をするであろう場所が、それぞれの空間性を主張しながらも同居している状態を目指したのである。

　道場や更衣室、書斎に客間、ダイニングや寝室、すべての場所がそれぞれのスケール感や質感を持っていることが大事だと思った。そこで京都の杉と岐阜の檜を使い、その木々が育った山の土で壁を塗ることもして、素材が響き合う調和を求めた。

　また、大きな建築を分割するデザインではなく、小さな空間の集合体として設計した。北に六甲山、南に瀬戸内海という立地を感じる建築にしたかったし、近隣の住宅に対しても、大きな屋根で威圧的な佇まいになることを避けたかったので、それぞれの部屋に違った屋根を与えて、空間に変化と動きをつくり、複合体としての魅力を探っていくことにした。

　玄関もふたつある。パブリックな道場にアクセスする玄関と、ホームエレベーターを設置したプライベートな玄関である。

　また、外からも内部の使われ方が分かるように、パブリックな空間は黒の洗い出し、プライベートな空間は人肌のような土色、セミパブリックな空間は白漆喰で仕上げた。

**関わる職人の
意識から高める**

　この建築を、内田先生は「凱風館」と名付けた。凱風とは、昔の中国の言葉で、南から吹くそよ風のこと。凱風が吹くと、草花のつぼみが開くらしい。合気道や能を通して身体感覚を磨き、寺子屋を通して学びの場になるこの建物にぴったりなネーミングだ。

「凱風館」のゾーニング図

約1万2千冊の蔵書を壁面に納め、一段低くしたオープンスペースが、内田氏の仕事部屋

毎月1回、定例の麻雀大会が開催される

教え子、門人、友友、編集者などとの宴会が度々開かれる

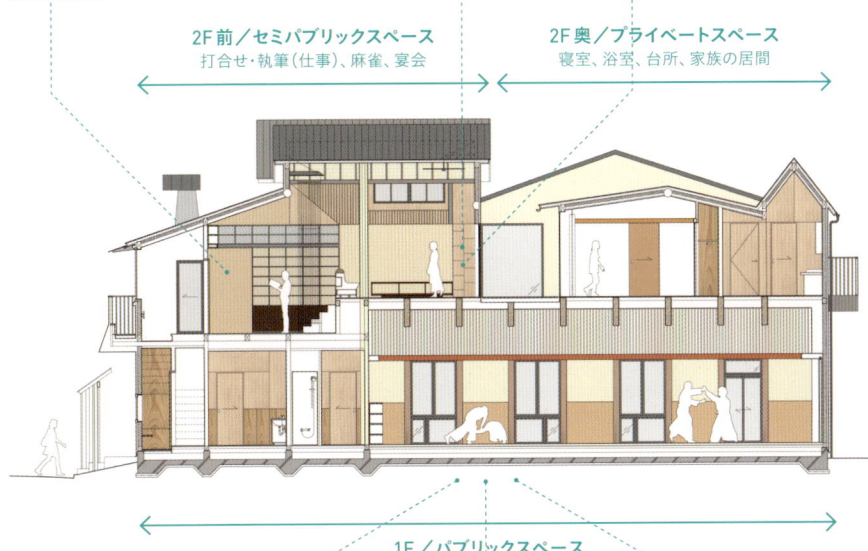

⟵ 2F前／セミパブリックスペース ⟶
打合せ・執筆(仕事)、麻雀、宴会

⟵ 2F奥／プライベートスペース ⟶
寝室、浴室、台所、家族の居間

⟵ 1F／パブリックスペース ⟶
合気道教室、能舞台、寺子屋

1階は70畳の広さを持つ合気道の道場。老若男女の門弟約150人が集う

道場は一角が板間になり、松の絵が出現して、能舞台にもなる
photo: 谷口るりこ

毎週火曜日の夜は、「寺子屋」と名付けた内田氏の私設ゼミの会場になる

Chapter 6　住まいをひらく　185

1年ほど続いた、いわば作曲家のような設計期間を経ていざ工事が始まると、私はオーケストラの指揮者のようにして、現場の監理を試みた。顔の見える職人たちも内田先生を中心とした「みんな」の立派なメンバーだ。そういうみんなが、仲間であるという高い意識を持って一緒に良い建築をつくっていった。

　棟梁や大工はもちろんのこと、左官職人や板金職人、瓦職人、テキスタイル・デザイナー、庭師など、みなさんに高い意識を持って仕事に打ち込んでもらえるように、入念な対話を日々重ねながら、「みんな」のための凱風館をつくっていったのである。

**緩く繋がる
共同体の幸せな舞台**

　凱風館の竣工後、私も合気道を始めた。元々、比較考量しない武道としての合気道に強い関心があったのだが、長きにわたって関わってきた凱風館と日々接しているうちに、この建築がこれからどのように「生きられる」のかを実体験として見届けたくなったのだ。

　すると道場では、合気道の稽古を週に6回やり、内田ゼミの延長としての寺子屋も毎週開催している。正月には歌留多大会があり、能や落語、浪曲などの催し物も順次企画され、近々、映画上映会も予定されている。

　このように、多面的に関係しあう行為のためのキャンヴァスとして建築がていねいに使われていることが何より力強いことだと実感するようになった。門人たちによる日々の掃除がその想いを結実させ、「みんな」の想いが確かに空間に宿っている。あるいは、空気の密度が違うと言ってもよい。

　内田先生が中心にいて、住宅という空間を地域社会にひらくことで、顔が見える「みんな」が集まってくる。そうした「みんな」で共有している感覚を持っているからこそ、凱風館は自分の家であるかのように大切に使われ、生き生きとした空気に満ち、心地よく過ごせる場所であり続けているのだ。

その環境と関係は、内田先生から「みんな」に渡される見えないバトンである。師の祝福と贈与を受けた者たちは、それぞれに期待に応えようとして、健全な関係が築かれていく。

　設計者としては、凱風館はそうして緩く繋がった共同体の強靭な関係性の舞台として、よい歳の取り方をする建築であって欲しいと願う。しかし、それは実は、バトンを渡されたわれわれの手にかかっているのかもしれない。(TEXT：光嶋裕介)

photo：谷口るりこ

Profile

光嶋裕介(こうしま ゆうすけ)
1979年米国ニュージャージー州生まれ。2004年早稲田大学理工学部大学院を卒業し、ザウアブルッフ・ハットン・アーキテクツ勤務を経て、2008年光嶋裕介建築設計事務所設立。首都大学東京・都市環境学部にて助教を務める。主な作品に〈凱風館〉、〈レッドブルジャパン本社オフィス〉の内装など。主な著作に『みんなの家。〜建築家1年生の初仕事〜』(アルテスパブリッシング、2012)、『建築武者修行―放課後のベルリン』(イースト・プレス、2013)他。

KOSHIMA Yusuke
1979, Born in New Jersey, in USA. 2004, graduated from Waseda University master Architecture and Civil Engineering. 2004-08 Worked at Sauerbruch Hutton Architect, Berlin Germany. 2008, Move back to Tokyo, Establish Koshima Yusuke Architecture Studio. Assistant Professor at Tokyo Metropolitan University. Main Works, Gaifukan and Redbull Japan Office(interior). Main Book , Urban Landscape Fantasia (Hatori-Shoten, 2012)

17 成瀬・猪熊建築設計事務所
Naruse Inokuma Architects

Review

成瀬・猪熊建築設計事務所は、住宅やインテリアを手掛ける若手の建築ユニットである。現代的な視点から興味深いのは、「シェア」をテーマに設計を行っていることだ。実現しなかったものの、とある高層のプロジェクトで具体的にシェアハウスを考える機会を得てから、「シェア」が彼らの重要なコンセプトになったと言う。その後、彼らの方向性をホームページで知ったある施主が設計を依頼し、名古屋の「LT城西」が実現した。通常のシェアハウスは既存の施設を転用するケースが多いが、これは新築である。直方体のボリュームにおいて、それぞれの空間の個性が異なる個室を内周に配し、立体的に展開する共有空間を中央に置く。注目されるビルディングタイプのシェアハウスを、建築的な操作を伴うデザインとして鮮やかに昇華させている。が、このテーマはシェアハウスだけに限定されるものではない。彼らはオフィスや福祉施設の計画、あるいはコミュニティカフェや木造災害復興住宅など、東日本大震災後の支援プロジェクトでも「シェア」を切り口としている。
（五十嵐太郎）

Naruse Inokuma Architects is a young architectural unit involved in housing and interiors. What is interesting from a contemporary viewpoint is that their designs are based on the theme of "sharing." After they received the opportunity to think about shared housing in a certain unbuilt high-rise project, it became an important concept in their work. Having discovered this inclination from their webpage, a client commissioned their design for LT Josai in Nagoya, which has been realized. In many cases, a shared house comprises existing facilities being put to other uses, but this is newly built architecture. In the rectilinear volume, private rooms of differing spatial characteristics are arranged along the inner perimeter, and a three-dimensional common space is placed at the center. It is notable that architectural design techniques have been vividly sublimated in the shared house building type. However, this theme is not restricted to the shared house. They also take the perspective of "sharing" in the design of offices, welfare facilities, or the Community cafe and projects following the Great East Japan Earthquake, such as timber post-disaster reconstruction housing. (IGARASHI Taro)

「シェア」を設計する。

Designing "share"

シェアの空間をつくるうえでは、多数の利用者のアクティビティを無数に想定する必要があるため、打ち合わせによってそうした使われ方のバリエーションをできる限り多くあぶり出すことを大切にしている

新築が可能にする、
シェアハウスのプロトタイプ

「LT城西」は業界的にも極めて珍しい、新築のシェアハウスの計画である。シェアという考え方に可能性を感じ、震災前から建築によってシェアの場をつくることを提案し続けていたわれわれのことをある施主さんが見つけ、依頼してくれたことからこのプロジェクトは始まった。

最近では一般的に認知されるようになったシェアハウスだが、その運営は、賃貸契約をするだけのものから、入居者の関係づくりや共用部の清掃についてまで細やかにサービスを行うものまで様々だ。LT城西において、私たちは早い段階から、後者のようなしっかりした運営者と共に、豊かな共同生活を行える場の設計を行った。実はこのことが、設計面でも運営面でも、心地よいシェアハウスをつくるための大事なポイントだと、私たちは思っている。

リノベーションであれば、既存躯体に大きく影響を受けてしまうところを、今回の計画では新築であることを最大限に活かし、建築全体の構成によってシェアハウスのプロトタイプのようなものをつくった。

構造は厳格に3640mmのグリッドとし、一見単純に見える平面計画にしながらも、個室を立体的に配置することによって、残りの共用部に異なる居心地の居場所を複数つくりあげた。

結果として、いくつかある共用部それぞれに、天井高や広さの変化が生まれ、入居者はひとりで思い思いに過ごすことも、少人数で集まったりすることもできる。こうした空間づくりによって、住み手はより気軽に、個室の延長として共用部を利用できるようになる。

また平面図では一見同じに見える個室の性格は、リビングからの距離や経路といった共用部との関係によって、ひとつとして同じものがない状況をつくり出した。

シェアという言葉は、常に誰かと場を共有しなくてはならない、誰かと一緒にいなくてはいけない、という窮屈さを連想させてしまうことがあるが、ここでは、個がより自由に自分の居場所を選択し、より気軽に他人と暮らす豊かさを享受できる住まいを実現した。

個室の様子。それぞれの部屋は、7.5畳の同じ大きさだが、住まい手の個性によって全く異なる雰囲気になる　photo: 筒井義昭

右上・下／共用部の様子。個室への動線を兼ねることで、無駄な床を無くし、気積が大きく立体的で複雑な空間を実現した。入居者はお互いの存在を感じながらも、思い思いに過ごすことができる　photo: 西川公朗

Chapter 6　住まいをひらく

なぜ、今「シェア」なのか

シェアハウスに限らず、変化する社会の中で、シェアという考え方の重要性は日々増している。

その大きな要因のひとつは、コミュニティの変化である。高度経済成長時代に、日本全体が成長と量産のための機械のようにつくり替えられ、生産の場としての都市と、ベッドタウンとしての郊外を生み出した。結果、コミュニティは会社と家庭だけになり、古い農村的なコミュニティは薄れていったのである。

現在ではこの設定にも矛盾が生まれている。会社では終身雇用が薄れ、家庭でもは高齢化やひとり暮らしが増える中で、どちらにもかつてのようなコミュニティの強さはなくなりつつある。こうした中で、農村型コミュニティでもなく、会社でも家庭でもない新しい繋がりが求められつつあるのだ。

成長時代の合理性の破綻は、研究・開発・創造のための組織体系においても起こっている。かつて企業や大学といった組織に求められていたのは、成長を加速させる分業体制であった。それぞれの分野は、より精密にひとつのことを突き詰めるために細分化されていった。しかし近年では、そうしたツリー状の組織体系では乗り切れないような局面が起こり、分野を横断するイノベーションがビジネスを生み出すようになっている。この時、クリエイションに求められるのは、インフォーマルなものまで含めたコミュニケーションの促進だ。

ウェブの発達も、少なからず変化を生み出している。成長期に肥大

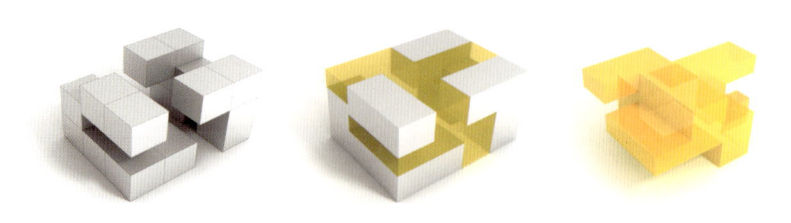

シェアハウスにおける空間構成のダイヤグラム。個室（左）を立体的に配置することで、残余となる共用部（右）が複雑化し、様々な居場所が生まれる

化した都市は、首都圏を除き人口減少と共に縮退に転じた。都市の密度や大きさが小さくなれば、中心部の人口集積地において商業が担ってきた賑わいも小さくなる。さらに近年では、ウェブで何でも購入できるようになり、残された集積地の役割も、商業だけでは成り立ちにくくなっている。この時、集積地には、単にものを買うことを超えた価値が必要になる。学び・経験・コミュニケーションのようなものが、大きな意味を持ち始めるのである。

シェアを設計する　　私たちはこうした状況の中で、住宅とは一見全く異なる機能の施設に対しても、人々が場を自然にシェアすることができる空間づくりに取り組んでいる。

デジタルファブリケーションによるものづくりができ、同じ興味を持つ人々のコミュニティをつくり出している「FabCafe」や、個人のクリエイターやワーカーが場所をシェアし、コラボレーションを行うコワーキングスペース「THE SCAPE (R)」。ここでは、空間の構成や家具のデザインを突き詰めることによって、様々な利用者が自分に合った頻度や方法で参加できる場づくりを心掛けている。

今年完成した「KOIL 柏の葉オープンイノベーションラボ」は、約3千㎡のイノベーションセンターであり、こうした取り組みの集大成と言える。ここでは個人のワーカーだけでなく、ベンチャー企業やそれを支援する団体や投資家、さらには大企業の一部署や大学の研究室などがひとつのフロアをシェアする。

現在進行中のプロジェクトの中には、福祉系の施設も含まれている。福祉施設は元来、障害者や高齢者といった利用者の種別によって別個に施設がつくられてきた経緯があるが、私たちは今、利用者同士、あるいは地域も含めたトータルなケアの空間とすべく、高齢者デイケア、高齢者ショートステイ、障害者ショートステイ、障害児デイケア、クリニックなどを含む、福祉の複合施設のようなものを設計している。ここでは、アクティブなコミュニケーションよりもゆっくりとした時間の流れ

や気配のデザインを大切にし、ケアをシェアする場を設計している。

　また東日本大震災の被災地においては、多くの協力企業や大学、地元の有志の方々と共に、コミュニティカフェの建設から運営までを行っている。発災直後から陸前高田に通い、地元での話し合いを積み重ね、2012年1月に仮設のコミュニティカフェ「りくカフェ」をオープン。その後は、音楽イベントを開催したり、コミュニティガーデンを整備したり、生協の移動販売車の中継地となるなど、活動を広げ、地域の拠点となりつつある。現在は、敷地が新設される避難道路の計画に重なることが判明し、規模の拡大を兼ねて、本設のカフェを建設中である。

　ハコより中身、ハードよりソフトの時代と言われる中、そうであればこそ、中身を自然に成り立たせるためのハコもまた、とても重要だと私たちは考えている。社会が変化する中で、私たちの役割は、そこから生まれる新しい営みをリアルな空間として立ち上げ、時代の風景をビジュアルに示すことなのだと思う。（TEXT：猪熊純＋成瀬友梨）

photo: 山本尚明

Profile

成瀬・猪熊建築設計事務所
成瀬友梨と猪熊純が協業し、シェアの場をつくるコンセプトで、新しい運営と一体的な空間の設計を実践する。代表作に〈LT城西〉、〈柏の葉オープンイノベーションラボ〉など。INTERNATIONAL ARCHITECTURE AWARDSなど受賞多数。

成瀬友梨（なるせ ゆり）
1979年愛知県生まれ。2007年東京大学大学院博士課程単位取得退学。同年、成瀬・猪熊建築設計事務所共同設立。東京大学大学院助教。

猪熊純（いのくま じゅん）
1977年神奈川県生まれ。2004年東京大学大学院修士課程修了。千葉学建築計画事務所勤務を経て、2007年成瀬・猪熊建築設計事務所共同設立。首都大学東京助教。

Naruse Inokuma Architects
Based on the concept of creating shared space, NARUSE Yuri and INOKUMA Jun collaborate on produce spatial designs that integrate a new management practice. Major works include LT Josai and Kashiwa-no-Ha Open Innovation Lab. Received many awards, including international architecture awards.

NARUSE Yuri
Born in Aichi prefecture in 1979. Graduated with Ph.D ABD from the University of Tokyo in 2007. Established Naruse Inokuma Architects in 2007. Assistant Professor at the University of Tokyo.

INOKUMA Jun
Born in Kanagawa prefecture in 1977. Graduated with M.Eng from the University of Tokyo in 2004. After having worked for Manabu Chiba Architects, established Naruse Inokuma Architects in 2007. Assistant Professor at Tokyo Metropolitan University.

1.FabCafe Tokyo／カフェの中でものづくりワークショップを行っている様子　photo: FabCafe Tokyo　2.THE SCAPE (R)／レジデンスを改修した多目的のワークプレイス　photo: 西川公朗　3.KOIL／3千㎡の中に、様々なワークプレイスが広がるイノベーションセンター　photo: 西川公朗　4.りくカフェ／ワークショップをしながら設計案をまとめているところ　5.りくカフェ／コミュニティカフェとして使われている日常の様子

Chapter 6　住まいをひらく　195

ブルースタジオ
blue studio

Review

戦後日本は、激しいスクラップ・アンド・ビルドによって経済を活性化させることで、奇跡的な急成長を遂げたが、今や十分な施設が揃い、人口も減少の過程にあり、これまでのストックをどう考えるかという時代を迎えている。1998年に創設された「ブルースタジオ」は、リノベーションに取り組むが、その特徴は、不動産、市場リサーチ、広告やグラフィックのデザイン、そして建築設計を行うスタッフを抱えた事務所であることだ。ただ設計するだけでもなく、ただ物件を販売するだけでもない。「物件から物語へ」をうたいながら、集合住宅を中心に仕事を手掛けている。注目すべきは、居住環境のコンセプトに共感する住民が集まることで、コミュニティを形成したり、施主の意識を変えていることだ。築50年の公団を再生した「AURA243 多摩平の森」では、環境を生かして貸し庭や菜園を併設し、近隣住民を含む人の繋がりの場を創出している。また「青豆ハウス」では、農園、住人らのイベント、空間のシェアを通じて、賃貸の住まいをひらき、新しいコミュニティを育てている。（五十嵐太郎）

Jump-starting the economy by means of incessant scrap-and-build, postwar Japan achieved a miraculous level of rapid growth, but currently there are sufficient facilities and the population is declining, so we have come to a period in which we should consider what to do with our existing stock. Established in 1998, blue studio is involved with renovation projects, but the office is characterized by having has staff engaged in real estate, market research, publicity, and graphic design, as well as architectural design. They don't just design, and they don't just sell real estate. While chanting, "from real estate to stories" they are involved in work focused on collective housing. What is noteworthy attention is that, by gathering citizens sympathetic to their dwelling environment concepts, a community is formed and the clients' views are changed. In AURA243 Tamadaira no Mori, a renovation of a 50-year-old public corporation building, the environment was used to create rental gardens and vegetable plots, thus establishing a place that connects people, including the neighboring citizens. Moreover, in the Aomame House a new community is nurtured by opening rental homes through plantations, activities for residents, and shared spaces. (IGARASHI Taro)

建築家のスタンスで、過去の物語に新たな物語を吹き込む。

Breathing new stories into old stories, with an architect's stance

東京練馬区にある賃貸住宅「青豆ハウス」は、先代から受け継がれた土地資産というコンテクストに、「家族や地域と共に育ち、育てる」という新たな物語を吹き込んだ作品　photo: Shinkenchiku-sha

Chapter 6　住まいをひらく

僕らは「リノベーション」というキーワードで建築や街、生活環境を捉えている。「リフォーム」ではない、「リノベーション」。リノベーションとは、先人たちがつくりあげた社会資産、社会環境を使いこなすということ。過去を読み解きそこに新たな「物語」を吹き込むこと。あくまでも「建築家」というスタンスで。

「ここでなければ」、
「あなたでなければ」、
「今でなければ」

「建築家」は「築造家」ではない。つくるだけではなくある時は解体し、ある時は変換し、ある時は存在意義を問い直す。そのために建築に取り組む前にそのハードウェアが置かれている背景を振り返ることが必要だ。状況を俯瞰し、現在進行形のコンテクストを読み解くのだ。

僕らが考える建築、まちを活かすために重要な3つの視点。それは「あなたでなければ」、「ここでなければ」、「今でなければ」。つまり人、場所、時間の3要素を明確に見い出すことだ。

たとえば築後半世紀を経た東京都日野市多摩平団地の再生（右ページ参照）では、建築物のみを回顧主義的に再生するのではなく、団地を含む周辺地域とその場所だけに重ねられた時間、人の営みから生ずる「今」の価値を掘り下げることを目指した。

緑豊かな敷地外構には、50年の間に、団地住民だけでなく周辺住民が育んだ都市公園としての価値がある。加えて、住宅公団発足当時の団地がこの「場所」に生まれた背景は感動的だ。ここはかつての大正天皇の御料地であり戦後の農村伝道神学校の広大な農地だった。神学校のストーン牧師の物語は今も団地住民の中で語り継がれている。

他にはないその場所だけが持つ世代を超えた人と場の歴史。歴史の1ページに自らの暮らしを重ね合わせる。そんな物語を物語の上に紡ぐ。可能な限りリセットせずに、唯一の生活環境の価値を次世代に繋ぐ。100の建築、100のまちがあれば100の価値と存在意義がある。そんな価値の再発見に必要なのは、物語を知ること、建築家として参加可能な物語を紡ぐこと、そして伝えること、共感の輪を広げることだ。

築50年の公団多摩平団地の再生

1. 団地敷地内に巡らされた様々なこみちや遊歩道。1階住戸へはこのこみちから50㎡の住戸専用庭を介してアクセスする　photo: 吉田誠
2. 不要になった駐車場跡につくった貸し菜園やコロニーガーデン（小屋付き貸し庭）。これらは入居者以外の市民に開放されている　photo: 吉田誠

3. 50年の歳月を経た団地を「都市公園」として再生する。団地環境は団地住人のみならず、周辺地域にとってもかけがえのない生活環境　photo: リビタ　4. 建物周辺に広がるテラスは地域の人々と団地住人の日常的な接点。遊歩道にも接する「語らいのテラス」では様々な出会いと対話が生まれる　photo: リビタ

5. 農村神学校時代の歴史に想いを馳せながら採れた野菜を味わう　6. 貸し菜園の収穫祭。団地住人に限らず一般に開放された菜園には子どもからお年寄りまで多様な人々が集う　7. 住人同士、気軽に声を掛け合って開催されるバーベキューパーティー。人の輪と共感の輪が広がる

Chapter 6　住まいをひらく　199

マルチリンガルな建築家

たとえば共同住宅には共同住宅だけの社会的存在意義がある。ひとつ屋根の下に暮らす複数の世帯は共同体であり、そのコミュニティの単位としての共同住宅には建物であること以前に人の集合体のデザインが必要だ。そのためにも僕らは建築という環境が生まれるプロセスを大事にする。共感の輪を広げるために。そして、暮らす者、周辺に暮らす者、所有する者、ファイナンスをする者、建築する者、建築を取り巻く様々な立場の者たちが共感し持続可能な環境をつくるために。そのために、まずは可能な限り多角的に、その場に必要な環境は何なのかリサーチをする。次に、可能な限り直感的に見立て、可能な限り抒情的に物語を編集する。そして可能な限り建築的に、経済的に実現させる。さらに、可能な限り社会に簡便に分かりやすくその存在意義を伝える。最後に、可能な限り永続的に価値を持続させる仕組みをつくる。

　僕らはこのプロセスを構成する要素を「こと」と「もの」と「時間」のデザインと呼び、常にその一貫性を保ち構築することを目指す。これらは建築、環境の価値創造と持続性にとって必要不可欠な3要素である。

　事業系の建築物が生まれるプロセスであるリサーチ、企画、経済計画、建築計画、建設、プロモーション、販売（仲介）、管理。これらは前出の3要素に分類される。リサーチ、企画、経済計画、プロモーションは「こと」。建築計画、建設は「もの」。販売（仲介）と管理は「時間」。僕らはその全てのプロセスに一貫性のあるデザインとクリエイティブディレクションを施す。建築家として。コミュニケーターとして。トランスレーターとして。

　3つのデザイン要素の間にある調和は「建築」という言語だけでは生まれない。ある時は「マーケティング」、ある時は「経済性」、ある時は「管理」と、多様な言語を使い分け、相互理解を深めることで、目的は達成される。

　僕らが目指しているのは「建築」というネイティブ言語を持ったうえで、

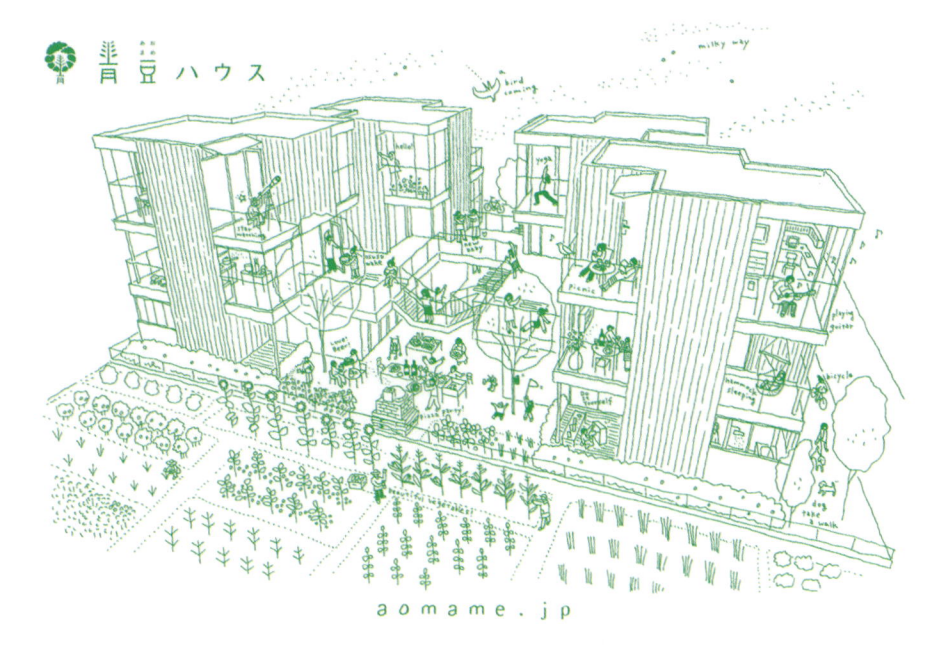

企画、建設段階から「青豆ハウス」という共同住宅が目指す暮らしの理念を発信した。グラフィックデザイン、タイポグラフィー、イラストレーション、テキストに至るクリエイティブチームが工事開始と同時に組織された。上記は完成予想図ではなく、生活予想図　イラスト：しゅんしゅん

様々な言葉で目的の建築を語る建築家、つまりマルチリンガルな建築家なのである。

なぜリノベーションなのか

僕の活動の源は、地域に根付いて貸しビル業と大家業を営む父と、美大卒で今も絵を描き続ける母、そして戦前から不動産開発（宅地開発）業を営み昭和30年代に宅地建物取引業法の施行に尽力した祖父にある。

学生時代から一貫して建築意匠設計を学び建築設計事務所に勤務しながら迎えた30歳、平成12年。不動産の証券化という不動産金融業界の大転換期が僕の転換期でもあった。それ以前はスタティックな価値観が支配していた土地、建物、不動産の世界に、「活用する」というダイナミックな価値観が一気に押し寄せたのである。「つくる」、「所有する」時代から「活用する」時代への変化は「Re・innovation」（当時僕らはリノベーションをそう綴っていた）という考え方を欲していると感じ、

僕はブルースタジオでの活動を開始した。さらに都市景観の大承継時代が到来し、高度経済成長期に大きな変化を遂げた都市景観は社会環境の変化と共に次世代に承継されようとしている。事実、昭和40年代に祖父からの宅地分譲事業を貸しビル事業に一気に転じた父が建てた建物群は、築後40年を超えて僕の世代に承継され、前世代とは異なるビジネスへの転換を迫られていた。

　環境やエネルギーの問題も含め、社会は明らかにつくる時代から使いこなす時代に向かっている。使いこなす技術は研究者や技術者だけがつくり得るものではない。一市民がそれぞれ自分にできることを発見し行動し、それぞれが繋がることによって、個別性豊かな新たな使いこなし方が生み出されてゆくのだ。ただしこれには個々の想像力が必要だ。僕がすべきことは、人々の想像力を豊かにするための物語づくりなのだろうと心得ている。(TEXT: 大島芳彦)

Profile

大島芳彦(おおしま よしひこ)
1970年東京生まれ。93年武蔵野美術大学造形学部建築学科卒業。Southern California Institute of Architecture(SCI-Arc)で学ぶ。石本建築事務所を経て2000年にブルースタジオ専務取締役に就任。建築家、建築コンサルタント、クリエイティブディレクターとして都市環境の再生のためにコンバージョンとリノベーションに取り組む。コンバージョンとリノベーションの主な作品として〈ラティス青山〉(2004)、〈AURA243 多摩平の森〉(2011)が、また新築では住民交流ができる賃貸住宅〈青豆ハウス〉(2014)がある。グッドデザイン賞(2006、2007、2012)の連続受賞など、受賞多数。主な著作に『リノベーション物件に住もう!』(河出書房新社、2003)、『最高に気持ちのいい住まいのリノベーション図鑑』(エクスナレッジ、2012)などがある。

OSHIMA Yoshihiko
Born in Tokyo in 1970. Graduated from the Department of Architecture, College of Art and Design, Musashino Art University in 1993. Studied at the Southern California Institute of Architecture (USA). After having worked at Ishimoto Architectural & Engineering Firm, became chief director of blue studio in 2000, and has worked as an architect, consultant and creative director for conversion and renovation to reproducing urban environment. Main works are Lattice Aoyama (2004), AURA243 Tamadaira no Mori (2011) as conversions, and Aomame House (2014) as a newly-built rental apartment in which a lot of interaction among inhabitants. He received many awards include Good Design prizes in 2006, 2007, and 2012.

住人同士や地域とのコミュニケーションを育てる賃貸共同住宅「青豆ハウス」

1. 住戸の専用部分はスパイラル状の3層構造（トリプレット）。2階部分は玄関を兼ねたリビングダイニング
photo: Shinkenchiku-sha

2. 畑と住宅地が混在し共存する練馬区の生活環境。空と大地の間に育つ賃貸住宅コミュニティ　photo: Shinkenchiku-sha

3. 東の広大な区民菜園を望む2階共用テラスは、廊下でありポーチであり、各戸のバルコニー。専用部分と共用部分が交差する偶発的な交流の場。挨拶が自然と交わされる
photo: Shinkenchiku-sha

4. 計画段階、工事期間中からブログを通じて発信し続けた「暮らしの理念」に賛同した入居者たち。ふたり暮らしを中心とした8世帯の「青豆ハウス」では住人全員が大きな家族のように暮らす。共有しているのは共に暮らしを育む心　photo: 髙岡弘

5. 各住戸の仕上げは入居を決めた住人が自ら施工。色を選ぶ（調色をする）、壁を塗る作業は8世帯同時にワークショップとして行った。共同作業は住環境に対する愛着だけでなく、住人同士の一体感も生む　photo: FuwariLAB

6. 「青豆夏祭り」。住人と大家が主催する手づくりの夏祭り。周辺地域の人々、子どもたちも訪れ相互の理解が深まる　photo: FuwariLAB

Chapter 7

建築家の役割を広げる

日本の人口が増えていた時代は、住宅や公共建築が足りなくなる時代でしたから、その設計をするための建築家が多く求められました。しかし今後は人口や世帯数が減る時代です。これまで増え続けてきた建築家たちは、新しい住宅や公共建築を設計するだけの存在としては数が多過ぎることになります。そこで、建築だけでなく、都市計画や土木や不動産やプロダクトデザインなどの周辺領域に建築の発想を持ち込んで活躍する建築家が出現しつつあります。この現象には、周辺領域のことまで広げて考えたり取り組んだりしないと、建築だけでは解決できない問題が少なくないということへの気付きや、「いろいろな技術をバランスよく統合させる人」という本来の意味での建築家への志向が強まっているという側面も含まれます。また、設計と施工を分けて考えるのではなく、同時に自らの手で行う建築家も注目されています。効率だけでなく審美だけでもなく、多くの人に共感される統合的な解決策を提示する建築家が、新しい役割を担いつつあるのです。第7章では、建築物の設計だけでなく、周辺分野でも活躍している建築家の取り組みを紹介します。(山崎亮)

Chapter 7 | Broadening the role of the architect

The period in which the Japanese population was increasing was a period in which the supply of housing and public facilities was becoming insufficient, so it was also a period during which architects who designed them were in great demand. Later, however, this was followed by a decline in population and number of households. There were now too many architects, and their number has continued to increase, existing solely to design such things as new houses and public facilities. Here we see the appearance of an architect who is involved not only in architecture, but also applies architectural concepts to related fields such as urban planning, public works, real estate, and product design. In this phenomenon, one becomes aware that more than a few problems are insoluble solely with architecture, if one does not think about and engage with related fields, and this includes a strengthening ambition toward becoming an architect in the original sense of "a person who balances and skillfully integrates various techniques." Furthermore, architects who don't consider design and craft separately, are attracting attention for simultaneously doing manual labor. Architects have taken on new roles for which they have a good ability to balance various skills and conditions, presenting integrated renovation schemes that are not only efficient and aesthetically pleasing, but also resonate with many people. (YAMAZAKI Ryo)

西村浩+ワークヴィジョンズ
NISHIMURA Hiroshi + WORKVISIONS

Review

土木の設計から出発した西村浩と彼の主宰する設計事務所であるワークヴィジョンズは、単体の建築について考える時にも都市全体のことを考える。都市構造を考え、交通を考え、緑地の配置を考え、中心市街地の位置付けを考える。そうすると、自分が設計する敷地と周辺の特徴が見えて来るのだろう。さらに敷地で行われる活動について考える。そこでどんな活動が生まれそうなのか。生み出したいのか。敷地よりも小さなスケールのことを考え、これも建築の設計に反映させる。建築よりも大きなスケールと小さなスケールのことを同時に考えつつ、それらを建築の設計に反映させる。ハードだけではない。ソフトについても精緻に検討する。ついには本人がコワーキングスペースやカフェを経営するに至る。スケールの大小、ハードとソフトを縦横無尽に行き来しながら設計活動を展開する西村の態度は、建築家の新しい役割を示し続けていると言えよう。（山崎亮）

NISHIMURA Hiroshi, who heads the architectural office WORKVISIONS, is an architect who comes from civil engineering design. Perhaps because of this, when he thinks about a single building he also considers the entire city. He considers the urban structure, transportation, green zones, and the placement of the town center, and this is reflected in his building designs. On the other hand, he also considers scales smaller than the site, which is also reflected in his designs. Furthermore, he minutely investigates both the hardware aspects and the software aspects. Finally he does not justify things just through thinking and verifying, but manages his own co-working space and café. Precisely because he knows that urban conditions cannot be improved unless one goes to this extent, Nishimura continues his activities without being trapped by the limits of hardware and software, or size and scale. Accordingly, this attitude gives rise to a new image of an architect. (YAMAZAKI Ryo)

小さくても
楽しいできごとの連鎖で
街の新陳代謝を
活性化する。

Revitalizing the metabolism of cities through sequences of small, pleasant events

古い平屋の倉庫をリノベーションしたアトリエ。広々としたミーティングスペースでは原寸モックアップで素材の実験をしたり、時には仲間たちに声を掛けてパーティーやお茶会も開く。交通の便の良い品川に立地していることもあり、全国各地から千客万来のアトリエは、まさに"街のリビング"だ

Chapter 7　建築家の役割を広げる

彷徨うことで見えてきたこと

　僕は、実は大学は土木の出身。当時は、本四架橋や東京湾横断道路といった巨大プロジェクトが計画中で、橋梁が土木分野の花形だった。ただ残念なことに、当時の土木の世界は景観やデザインを指向する雰囲気は薄く、そこに興味を持って土木に席を置いた僕は、ある意味"変わり者"だった。

　当時の僕には、デザインという概念がないものづくりの世界を受け止める想像力は無かった。そのまま土木の大学院に進学したものの、この2年間は"意匠先進国"である建築学科に入り浸りだった。大学院修了後、建築設計事務所に入所し、いったん土木からほぼ完全に離れることになる。そこでの経験は、非作家的で匿名性が支配的な土木とは極端に正反対のもので十分に刺激的だった。そして約5年半後、建築設計事務所として独立。今改めて思い返してみれば、ひたすら内向的に作家的な建築を指向する自分がいた。

　そんなある時、大学の恩師から「君は土木出身なんだから、土木のデザインもやりなさい」との声が掛かり、再び土木の世界に揺り戻された。建築に加えて、橋、街路、公園、水辺そしてダムに至るまで、様々な土木分野のものづくりに関わる中で、あることに気が付いた。

　「すべてがバラバラだ……」

　日本が戦後の復興から高度成長期を経て、急激に成長を遂げた20世紀は、量とスピードの時代だった。街なかは人で溢れ、建物が高密度に建ち並び、モータリゼーションの到来に合わせて次々と道路を整備して、急速に都市を郊外へと拡大していった。道路も建物も供給不足気味で、手間のかかる連携なんかしなくても、とにかくつくれば使われる時代だった。

　ところが今、多くの地方都市の街なかは空き家だらけ。東京の郊外も同様だ。つくり続けてきた道路や橋といったインフラは続々と耐用年数を迎え、その維持管理や整理統合が大変な課題だ。明らかに、都市を支える前提が変わったのだ。急激な人口減少や超高齢化と少子化、そしてそれに伴う経済の縮小など、拡大の時代が終わり、縮退を前提に

佐賀特有のクリーク（水路）に面した敷地に展開する「原っぱ」と「わいわい!!コンテナ」。コンテンツに合わせて分棟配置されたコンテナは、市民のアイデアで自由にカスタマイズされながら活用される

「都市を再編集する時代」の到来である。建築とか土木とか分野ごとに縦割りの"バラバラ"では、縮退を前提とした都市再編は困難で、何より投資効率が悪化する。限られた予算で最大限の効果をあげるためにも、分野間の「隙間を繋ぐ思考」が不可欠で、その先に初めて、ものづくりの前提が見えて来るように思える。都市を支える前提が180度変わったのだから、これまでの手法は無力だ。そこには"発明的発想"が必要で、既得権やしがらみを突破する"覚悟"が不可欠だ。

空き地が増えると街が賑わう?!
佐賀市「わいわい!!コンテナプロジェクト」

私の故郷、佐賀市の街なかも、空き家が壊されて空き地となり、車依存の生活スタイルを変えられないまま、青空駐車場だらけの殺伐とした風景が広がりつつある。右肩上がりの時代であれば、再開発や区画整理といった手法で、再び高密度な都市再生を目論むところだが、急激な人口減少や高齢化、経済の縮小を考えると、「空き」の価値を再考し、「空き」の配置やありようをマネージメントしていくことのほうが現実的かつ今後の都市空間の持続的な成長を支えてくれるように思える。

佐賀市の「わいわい!!コンテナプロジェクト」は、そんな「空き」の価値を検証するための社会実験である。その先にある街再生の戦略は、街なかに増殖する青空駐車場や遊休地を"原っぱ"に置き換えることだ。原っぱは公園とは違う。市民自らが決めたルール以外に利用制限はなく、市民の自己責任で活用される。ドラえもんに出てくる、土管が山積

Chapter 7　建築家の役割を広げる　209

空き地の"原っぱ"化による価値再生

粒状化する都市
ギュウギュウに建物で詰まった状態で拡大してきた都市は、急激な人口減少により空洞化が進み粒状に均質化する

都市のバックヤード化
車依存から抜けられない地方都市では、街なかに次々と生まれる「空き地」が青空駐車場となり、都市がバックヤード化する。かつての街なかの賑わいは、一層薄れていく

空き地の"原っぱ"化による価値再生
活性化を推進するエリア内の青空駐車場を、地域住民により維持される"原っぱ"へと変換する。都市に潤いをもたらす緑化された空間は、地域住民の協力によって維持され、コミュニティ再生の舞台となる。住環境の向上により、街なかの賑わい回復を促す契機となる

街なかの点在駐車場を原っぱに
街なかに無作為に増殖する民間駐車場を原っぱに置き換えるためのアイデア。行政が取得した土地と民間駐車場との間で利用権を交換し、街の外側に民間による共同駐車場をつくる。街なかには「公共的に利用できる民地」≒地域で維持管理運営する原っぱを増やしていく

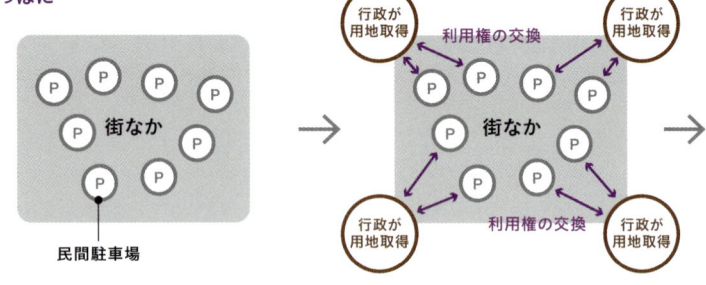

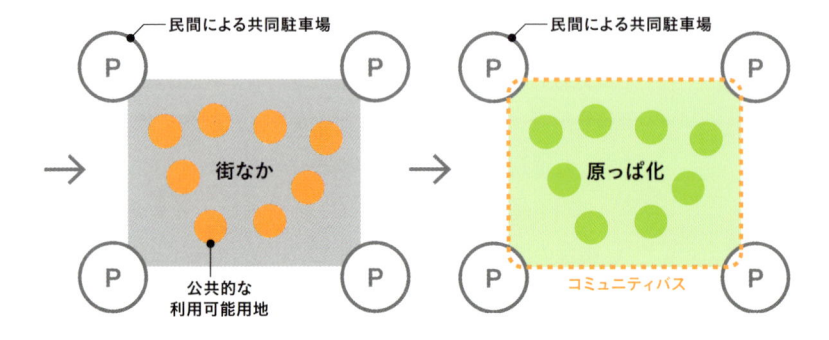

みにされた空き地のイメージだ。子どもたちが自由に遊び、それを周囲の大人たちが温かく見守っている。マナーさえ守れば商売も可能で、イベントも自由に行える。ここには、行政頼りだった市民の意識を変え、地域住民の自由な発想や行動意欲を引き出す力がある。加えて、原っぱには中古コンテナを使った雑誌図書館や交流スペースを設置し、来街や回遊を促すプログラムや、持続可能な維持管理・運営の仕組みの検証を行っている。

　夜の飲み屋街となりつつあった街なかに、昼間の時間を消費する空間を用意したことで、次第に平日でも日常的に多くの市民が訪れるようになり、街なかの回遊人口が増加しつつある。ここでは、世代を超えた人と人の出会いの機会も生まれ、日常生活を持続的に支えていくために必要なコミュニティの再生も実感でき、次第に街の"基礎体力"が回復していく様子が伺える。また、駐車場の原っぱ化によって、商業中心の街なかに、子育てやお年寄りの散歩にも適した暮らしの環境が生まれ、街なか居住の動機に繋がっていく。今後、街なかの居住人口や来街者が増えれば、身の丈に合った商売が再び成り立つようになる。そして、人が日常的に集まる原っぱ周辺には、新規建設の動機に加えて、リノベーションやコンバージョンの動機が生まれ、既存ストックの活用促進も期待できる。人と知恵が日常的に集まる動機づくりとそれを持続的に支える仕組みこそが、街再生のはじまりである。

モノ・コト・ヒト・カネのよい循環でプロジェクトを育てる

このように佐賀では、ひとつの社会実験から、次の一手に様々な可能性が見え始めている。勘所は、建築・土木といったものづくり自体が目的化せず、その先にある街再生を強靭に支える触媒となって、小さくても構わないから次々とよい連鎖を起こしていくことだ。

　また、何より、市民に楽しんでもらうことが大切だ。楽しくなければ続かないからである。できるだけ多くの「ヒト」に参加してもらい、楽

しい「コト」を自ら発想し、そのために必要な「モノ」は、できるだけ自分の手でつくりあげていく。そうやって生まれる"自分たちの場所"で、将来的には収益（カネ）をあげ、働く場所として雇用を生んでいく。

　プロジェクトは、コト・ヒト・モノ・カネのどれがきっかけで始まってもいい。最終的にこれら4つの要素がぐるぐると何回転も循環していくような、持続力と波及力のあるプロジェクトを育てていくことが、常に街再生を視野に入れた、僕らワークヴィジョンズの仕事の作法だ。

(TEXT:西村浩)

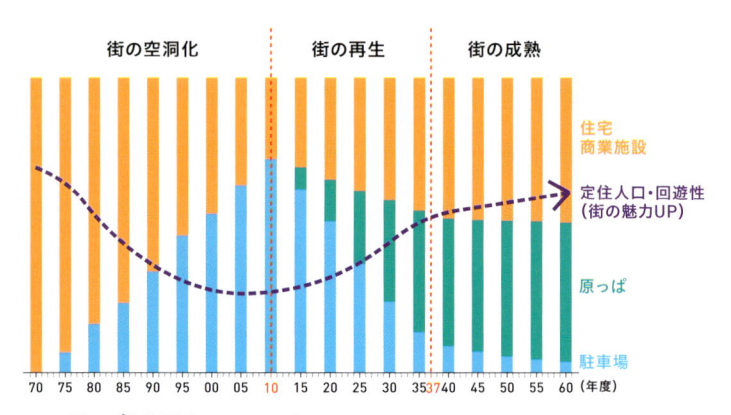

"Re-原っぱ" 街再生のイメージ
かつては店舗や住居で埋め尽くされていた街なかであるが、空洞化が進むにつれて、土地利用が駐車場へと固着していく。駐車場を"原っぱ"に置き換えることで、商業中心の街なかに暮らしの環境が整い、街なか居住の動機へと繋がり、新しい価値を持った街が再生されていく

Profile

西村浩(にしむら ひろし)

1967年佐賀県生まれ。1991年東京大学工学部土木工学科卒業。1993年東京大学大学院工学系研究科修士課程修了。1999年ワークヴィジョンズ設立。現在、ワークヴィジョンズ代表。主な計画・作品に、〈大分都心南北軸構想〉、〈佐賀市街なか再生計画〉、〈函館市中心市街地トータルデザイン〉、〈岩見沢複合駅舎〉、〈わいわい!!コンテナプロジェクト〉、〈長崎水辺の森公園橋梁群〉など。日本建築学会賞、土木学会 デザイン賞、グッドデザイン賞大賞、BCS賞、ブルネル賞、アルカシア建築賞を受賞。

NISHIMURA Hiroshi

Born in Saga prefecture in 1967. Graduated with bachelor degree from Department of Civil Engineering, University of Tokyo in 1991, and master degree from School of Engineering, University of Tokyo in 1993. Established Workvisions in 1999. Currently head of Workvisions. Major works include the concept design for Oita central north-south axis, regeneration plan for downtown Saga, Hakodate downtown area design, Iwamizawa station building, Waiwai!! Container Project in Saga, and bridges in Nagasaki Seaside Park. Received Architectural Institute of Japan Award, Civil Engineering Design Prize, Good Design Award, BCS Award, Brunel Award, and ARCASIA Award.

世界中の雑誌を集めた読書コンテナ、子どもたちの遊び場となっている交流コンテナ、展示やチャレンジショップとして利用可能なチャレンジコンテナ、心地よいテラスや子どもたちと整備した"原っぱ"にも、市民の様々な活用アイデアが集まる。地域住民の自由な発想や行動意欲を引き出せるような余地のある環境と、その場所を共有（シェア）する心によって街が再生していく

Chapter 7 建築家の役割を広げる

東京R不動産
Realtokyoestate

Review

東京R不動産を共同主宰する馬場正尊は土木を学んだ後に建築を学んだが、就職したのは広告代理店だった。その後、建築系の雑誌編集を経て、建築設計事務所を設立。この経歴のおかげで、建築を相対的に眺めることができるのだろう。「建築」を「物件」と呼ぶ不動産業界に飛び込み、同じく建築を学び他の業界を経た吉里裕也、林厚見らと共に、建築と不動産を横断するユニークな仕組みをつくり、この仕組みを東京以外の各地でもR不動産の名前で展開した。さらに彼らは、自身が主宰する設計事務所で建築の設計に携わりつつ、団地や公共空間のリノベーションにも関わるようになり、リノベーションのDIYまで促進している。一生懸命になればなるほど建築分野の中に閉じ籠もって行きがちな建築家の横を、軽やかな足取りで通り過ぎていくような馬場のあり方に、建築家ができることはまだまだあると感じている。(山崎亮)

BABA Masataka, who is the co-director of RealTokyoEstate, studied architecture after having studied engineering, but he first found employment in an advertising company. Later, after having worked for an architecture-related magazine, he established an architectural design office. Owing to these work experiences, he is probably able to have a relatively objective view of architecture. He plunged into the field of real estate, wherein "architecture" is called "building," and together with his partners, including YOSHIZATO Hiroya and HAYASHI Atsumi, who also studied architecture and gained experienced in other trades, he has made a unique organization that is a cross between architecture and real estate. This RealEstate organization has also expanded to areas outside Tokyo. Furthermore, while being involved in architectural design in the office they personally head, they have become involved in the renovation of multi-unit apartments and public spaces, and even offer advice on do-it-yourself renovation. As opposed to the kind of architect who works with maximum effort and becomes increasingly isolated in the architectural world, when seeing Baba saunter past one gets the sense that there is still much more that an architect can do. (YAMAZAKI Ryo)

業界の境界線を踏み越えて、新しい建築家の枠組みをつくる。

Creating new frameworks for architects crossing the boundaries of industry

東京R不動産のトップページ／真ん中には物件情報。エリアや広さなどに関わらず雑誌のようにランダムに並ぶ。左側から物件の特徴を表すアイコンにより検索ができる。右側には、入居者や新しいプロジェクトのコラムが並んでいる

Chapter 7　建築家の役割を広げる

「東京R不動産」は2003年に始まった、建築家が主宰する不動産仲介サイトである。今まで価値評価が値段、面積、築年数、利便性、設備などの性能だけだった不動産情報に、「空間の魅力」という、建築の世界では当たり前の定性的な価値指標を提示した。物件に付いている「天井が高い」「改装OK」「レトロな味わい」などのアイコンでセグメントし、検索できるようにしたのが不動産業界では新鮮だったようだ。現在では月300万PVのビュワーがある有数の不動産サイトになっている。

建築と物件の境界を踏み越える

　「建築と物件」、物質的には同じモノだが、建築と不動産、それぞれの世界では全く違う言語、価値体系によって語られていた。東京R不動産はその境界を、ためらうことなく踏み越えた。

　近代において、職能は細分化され、専門的な閉鎖系の中で業界は進化した。建築も例外ではなかっただろう。「大文字の建築」は、芸術の傘下にあることで存在価値を示した。あの時代、それは正しい選択だったと思う。

　そこから見える不動産という世界は、俗世や資本の象徴であり、美しき建築にとっては近付くことをよしとしない存在だったに違いない。東京R不動産を始めた僕らだって、最初はそう思っていた。

　しかし建築は、巨大で大きな資本を巻き込み、日本の産業の基幹を支え、時には権力の象徴にもなり得る存在である。建築は巨大な芸術であると同時に、同じくらい巨大な経済活動でもある。その両義性、もしくは背反性にそそられもする。だとするならば、その境界を楽しもうというのがR不動産である。

リサーチとアーカイブの機能

　R不動産のもうひとつの隠れた顔は、リサーチとアーカイブである。現在、R不動産には有名な建築作品から、名もなき民家まで約100の空間情報が蓄積され、多くの反応があり、毎年500件以上が契約に至る。それは現代の都市における空き物件と、住むことへの人々の欲望の微妙な変化の集積だ。

物件の詳細情報のページ／各物件には担当者が訪れ、自分の感じたことを写真とコラムで表現している。物件の魅力をひとことで表すタイトルを付けることも重要だ

僕らには常に生々しいデータが届いている。おそらくそのアーカイブは、21世紀初期の日本の居住意識に対する資料として残るだろう。その情報の塊は都市のリサーチにも繋がっている。今、人々はどんな空間を欲しているのか、その動向はプロジェクトを起こす時のマーケティングデータにもなっている。リアルな流通を伴う都市のリサーチエンジン、それもR不動産の大事な役割なのだ。

新しいプロジェクトをつくるための体制

東京R不動産は、「Open A」と「SPEAC」というふたつの設計事務所を基盤とした組織だ。両者をハブとし、10数人の個人のネットワークによって「東京R不動産」というメディアを共有している。個人と組織の最適距離を模索していくうちに、この形態に落ち着いた。最初からそれを目指していたわけではなく、結果的にこうなったのだ。R不動産は組織とプロジェクトのプラットフォームでもある。現在、「Open A」や「SPEAC」は設計や都市計画の仕事をしながら、他のメンバーと共同で新しいプロジェクトに取り組んでいる。

東京で始まった「R不動産」の動きが、南は鹿児島から北は山形まで、9の都市に展開している。運営組織はバラバラで、都市の特徴に合わせて様々なかたちで運営されている。

また、「団地R不動産」や「公共R不動産」では、建物の属性を絞ることで眠った領域を顕在化させている。今後、あり余るパブリックセクターの建物の再生に取り掛かる予定だ。

さらに「R不動産toolbox」というサイトも展開している。これは建材やパーツのセレクトショップで、工事会社主導でブラックボックスだった資材の流通を、使う側に開放する試みをするものだ。

今までの枠組み自体を疑ってみる

僕らの仕事のモチベーションは新しい空間や風景の発見と創造。まあ、普通の建築家と変わらない。ただ違いがあるとするならば、それをつくるためにはメディ

1930の家／1930年に建てられた木造民家のリノベーション。80年以上の時間がつくりあげた古さを価値に転換。大きな木の生える庭と室内との一体感を持たせるように改修し、庭の魅力も最大限価値に取り込んだ。周辺マンションよりも高水準で賃貸中

HOUSE VISION／80㎡の典型的なマンションの一室を解体、再編集したインスタレーション。極大化して家族のコミュニケーションの中心にしたキッチン、バスルームと一体化したリビング、収納の中に納まったベッドルームなど、機能をいったん解体し、人の素直な欲望に沿って再編集した（CCCと東京R不動産のコラボレーションによって制作） photo: 阿野太一 ©housevision

Chapter 7　建築家の役割を広げる

1.RE-know／築40年の事務所ビルを集合住宅にコンバージョン。スケルトンに水回りをシンプルに配置し、「選択と集中」のデザインを行った　photo: 阿野太一　2.観月橋団地／京都郊外にある築50年の団地のリノベーション。虫食い状の空室化が進む公共住宅の再生手法を、UR都市機構と共に開発した

THE NATURAL SHOE STORE　勝どき／ストック&オフィス。東京湾岸にある巨大な倉庫をオフィスへコンバージョン。大空間にガラスのキューブを置き、その中だけを空調し、残りは外部と内部の中間領域とした。既存のビルディングタイプの特性を生かすことで、新たな働く環境の可能性を示すことを目指した

アにも、経済にも、流通にも、政治にだってズカズカと分け入るところだろう。

　今までの建築家の枠組みの中にいたって、どうせ退屈するに違いない。新しい建築や都市は、新しいシステムの中でこそ生まれている。だったらそのシステムからつくればいい。仕事の領域を狭める必要はない。システムからデザインまで、垂直統合して新しい空間をつくっていくのが僕らの理想だ。(TEXT：馬場正尊)

TOOLBOX／2010年秋にスタートしたR不動産TOOLBOX。「空間を編集するための道具箱」をコンセプトに、自由な空間づくりをサポートするネットショップ。様々なアイデアやイメージをカタログ化してゆき、空間づくりの新しい手立てを生み出している

Profile

東京R不動産
http://www.realtokyoestate.co.jp
2003年11月オープン。「改装OK」「レトロな味わい」「天井が高い」など新しい視点で不動産を発見し、セレクトして紹介するウェブサイト。馬場正尊、林厚見、吉里裕也らが中心になって運営。金沢、福岡、大阪、神戸、山形、鹿児島、湘南、房総など全国各地でも展開している。2010年に自由な空間づくりをサポートするネットショップ「R不動産TOOLBOX」をスタート。2014年秋には、リアルなローカル情報を全国に伝えるメディア「reallocal」がオープン。著書に『東京R不動産』(アスペクト、2010)、『東京R不動産2』(太田出版、2010)、『団地R不動産』(日経BP社、2012)、『toolbox』(阪急コミュニケーションズ、2013)、『全国のR不動産』(学芸出版社、2014)などがある。

Realtokyoestate
Opened in November 2003, a website that discovers, selects, and introduces real estate from new viewpoints, including "Renovation OK," "Retro Feeling," and "High Ceilings." Run mainly by BABA Masataka, HAYASHI Atsumi, and YOSHIZATO Hiroya. Expanded to various areas across the country including Kanazawa, Fukuoka, Osaka, Kobe, Yamagata, Kagoshima, the Shonan area, and the Boso peninsula. In 2010 they started "r-toolbox," an online shop to support the free design of space. In the fall of 2014, they opened "reallocal," a medium through which real local information is conveyed to the entire country.

トラフ建築設計事務所
TORAFU ARCHITECTS

Review

「トラフ」は、フジツボが集まったような港北の住宅など、建築も設計しているが、特筆すべきは、プロダクト、家具、ディスプレイ、インテリア、インスタレーション、舞台美術、展示空間など、様々な分野を横断しながら、柔軟にデザインをしていることだ。ハコモノの仕事が数多く存在したスクラップ・アンド・ビルドの時代が過ぎ去り、新世代の建築家は苦労しているが、彼らはむしろ建築の領域を拡張している。その結果、トラフは同時並行で数多くのプロジェクトを抱える事務所となった。建築も、それ以外の仕事も同等に手掛けることは、ジオ・ポンティをはじめとするイタリアの建築家などにも認められるが、トラフの作品からは、どこか楽しさやかわいらしさのテイストを感じられるだろう。そして彼らは、プロジェクトの諸条件を敷地とみなし、デザインを進める手続きにおいて建築的な態度を取っている。震災後の「石巻工房」とのコラボレーションは、地域の産業を活性化させる試みであり、トラフはデザインを通じての復興支援にも着手した。ちなみに、今回の会場における各作家の展示台には、両者の共作であるAAスツールを用いている。（五十嵐太郎）

Additionally TORAFU ARCHITECTS have designed buildings such as the House in Kohoku, which looks like a barnacles, it is worth making special mention of their cross-disciplinary designs over into various fields, and flexible abilities in the design of products, furniture, displays, interiors, installations, stage sets, exhibition spaces, and so on. After an era of scrap-and-build construction that led to large numbers of box-like buildings, the new generation of architects faces hardships, and in response they have broadened the architectural sphere. As a result, TORAFU ARCHITECTS is an office that carries out a large number of projects concurrently. Getting involved in architecture and other types of work on an equal footing can also been seen in, for example, Italian architects such as Gio Ponti, but in the works of TORAFU ARCHITECTS one somehow gains a sense of joy and cuteness. Thus, they see the various conditions of a project as its premises, and take an architectural attitude in the design process. The collaboration with Ishinomaki Laboratory after the earthquake was an attempt at reviving local industry, and TORAFU ARCHITECTS also undertook reconstruction support through design work. (IGARASHI Taro)

「もの」から「空間」を発想する。

Conceptualizing "space" from "objects"

事務所内での打ち合わせの様子。家具やプロダクトデザインなど、建築以外の幅広い活動で培った視点からアイデアが生まれ、かたちになっていく photo: Dominik Tarabanski

生き生きとした"風景"をつくる

2004年にトラフ建築設計事務所を設立して以来、建築的な思考をベースにしながらも、建築だけでなく家具やプロダクトデザイン、舞台美術、インスタレーションなど、分野を横断した活動を続けてきた。そうした様々な分野を体験することで、むしろそれらのカテゴリーの中間にあるものを模索して生み出すことを目指すようになってきたと言える。

　空間をそれ自体で完結させるのではなく、ものや人を含めた生き生きとした風景をつくりたいと考えている。また、建築を設計する時は家具のように、家具をデザインする時は建築のように、双方向から考えるようにしている。このように小さなものから考え始めるアプローチと、建築と家具との境界線上から思考を始める手法が、私たちの最初の仕事から現在までの活動の基礎になっていると言えるだろう。

　トラフの最初の仕事となったのは、目黒にあるホテル「クラスカ」の長期滞在用の客室の改装プロジェクトだった。アーティストによる絵画とロボットペットのAIBO（アイボ）が常備されるという特殊条件がある中で、それらを自分の持ち物やホテルの備品と一緒に収納するために、"テンプレート"をモチーフにした収納壁を提案した。

　この計画のポイントは、「都市があって、建築があって、インテリアがあり、家具や備品がある」という順序ではなく、持ち物や備品の納まり方から考え始めることにあった。つまり、空間を構成する最小単位で

「クラスカ」につくった収納壁。穴をあけた1枚の薄い壁に、絵画、AIBO、自分の持ち物や備品を額様に入れて、飾るように収納する
photo: 阿野太一

ある「もの」から「空間」を発想する、という逆のアプローチをしたのである。

その結果、ホテルの備品や長期滞在に必要な「もの」、たとえばドライヤーや衣服などを、それぞれのかたちにくりぬいた壁面に、見せながら収納するという計画となった。この客室の壁面は建築的なスケールを持った壁であり、収納という機能を持った家具とも取れる。家具でも建築でもない曖昧さは、ジャンルに捉われない自由さを私たちに与えてくれたのである。

建築的アプローチからのプロダクトデザイン

家具に限らず、建築的なアプローチを軸に別の専門分野に取り組むことは、より新しい創造に繋がる。

たとえば、プロダクトデザインとして取り組んだ代表的な作品、「空気の器」がそれだ。

「空気の器」は空気を包み込むようにかたちを自由に変えられる紙製の器である。1枚の紙に、緻密に設計した線の切り込みを入れて広げる。すると広げ方によって、小皿や小鉢、花瓶など、用途に合わせて自由なかたちをつくることができる。また紙の表と裏で色が異なるため、見る角度によって、両面の色が混じり合い、印象が大きく変わる。

この「空気の器」をつくることになったきっかけは、2010年に六本木のAXISで開催された、「かみの工作所」主催の展覧会「トクショクシコウ展」への参加だった。同展では、「紙製のプロダクトであること」という条件と、各参加デザイナーにテーマカラーが与えられた。

トラフには"緑"がテーマカラーとして与えられたのだが、この"緑"を青と黄の混じり合いで表現できないかと考えた。紙が持っている特性を活かして「建築」のように立体的に立ち上がる構造体としてのアプローチを模索しつつ、前述のように、表裏で色の異なる1枚の紙に細かい切込みを入れたことで、その両方が結実した。建築的な発想によって、紙の可能性についてさらに気付くことができたプロジェクトだった。

デザインを通じた復興支援の可能性

「石巻工房」とのコラボレーションでは、産業そのものの開発に取り組んでいる。

石巻工房は友人の建築家・芦沢啓治氏主宰の震災復興プロジェクトで、地元の人が自宅や職場をDIYで修復するために自由に使える工房としてスタートし、今では様々なデザイナーが設計した家具を製造、販売している。トラフは「スカイデッキ」、「AAスツール」、「Sシェルフ／SSシェルフ」をデザインした。

「スカイデッキ」はテラスの手すりに引っ掛けて使う小さなテーブル。「AAスツール」は26mm×90mmのデッキ材だけでできたシンプルなスツールで、横から見るとアルファベットの「A」に見え、重ね合わせたりばらしたりして使う。「Sシェルフ／SSシェルフ」は小さな家具のシリーズで、トイレや廊下など狭い場所でも使うことができる。

家具デザインの他にも、石巻工房とは国立新美術館1階のミュージアムショップ「スーベニアフロムトーキョー」の什器の製作や、オフィスの内装などでも協働している。

石巻工房との取り組みは、地元に産業を生み落とすことが重要なテーマになっている。地元の人が使える場所としての工房から始まり、そこに雇用が生まれ、デザイナーとの協業でブランドができ、成長していく。被災地に産業創出をしながら、建築家やデザイナーも自分たちの表現手段を広げられる。一方的に提供するだけではない復興支援であることに意義を感じている。

必然性とファンタジーが両立する仕事を

プロダクトデザインの面白さは、建築と違って場所や環境を問わず自由にデザインできてしまうことにある。また、空間は持ち運びできないけれど、プロダクトは直接体験することができる。建築の設計では現地でしか体験できないことが、プロダクトの世界では場所を問わず実現できるのが魅力的だ。

ただこの自由さは、ともすれば標準化の指向に陥らなくもない。そこ

1,2.「空気の器」は紙製。広げ方によって、小皿や花瓶、贈り物の包装など、用途に合った自由なかたちをつくることができる
photo1: 冨田里美　　3,4,5. 東京・芝浦にある「SHIBAURA HOUSE」で開催された「空気の器 ワークショップ2011」の様子　photo: 吉次史成

Chapter 7　建築家の役割を広げる

スカイデッキは、ベランダの手すりに引っ掛けて設置する。携帯電話やラジオを置いたり、天気のいい日にはテラスでビールを飲むためのカウンターとして使ったりと、都会の狭いテラスの可能性を少しだけ広げてくれる　photo: 吉次史成

1,2.AAスツールは2台重ね合わせて一体となっているが、1台ずつにも分けられ、来客があった時や、小さいスペースでは単体でも使える　3.いくつも重ね合わせると長いベンチにもなるなど、使う人の想像次第で新しい使い道を発見できる　photo: 吉次史成

石巻工房 | ISHINOMAKI LABORATORY

デザイナーを中心とした有志が補修装具や木材を提供し、復旧・復興のため自由に使える公共的な施設としてスタート。その後、手づくりにデザインの付加価値を与えたものを地域内外で販売するための「石巻工房ブランド」を立ち上げた。デザイナーがデザインを提供し、人が集い楽しめる家具のラインナップを増やしている。

2014年6月に移転した新しい「石巻工房」の工房・オフィス

で、少しの縛りを与える意味で、プロダクトのデザインでも家具のデザインでも「敷地を与えて」考えることにしている。各建築における特徴は、その場所、環境という与件が作用して固有のオリジナリティが生まれるものだが、プロダクトデザインにおいても同じ方法を実践することで、特別なものにならないかと考えている。

　プロジェクトごとに初期条件や敷地環境、解決すべきことをポジティブに捉え、それらを解決することから始めながらも、日常に楽しさや豊かさを与えられる、言わば必然性とファンタジーとを両立させたいと考えているのだ。

　前述の石巻工房との協働作品「スカイデッキ」は、手すりに引っ掛けることで狭いテラスを少しだけ拡張する。都市的な視点で見るとわずかな変化でも、個人レベルでの創作活動が伝播することで、まちあるいは都市全体の風景を変えていくことができる。ものから始まる小さな都市計画とも呼べるだろう。こうした手法を持って、少しの働き掛けで都市をより豊かな場所に変えていきたいと思っている。

(TEXT：鈴野浩一＋禿真哉)

Profile

トラフ建築設計事務所
鈴野浩一と禿真哉により2004年に設立。建築設計をはじめ、ショップのインテリアデザイン、展覧会の会場構成、プロダクトデザイン、空間インスタレーションやムービー制作への参加など多岐にわたる分野の仕事に、建築的な思考をベースに取り組んでいる。

鈴野浩一(すずの こういち)
1973年神奈川県生まれ。1998年横浜国立大学大学院工学部建築学専攻修士課程修了。「シーラカンスK&H」などを経て、現事務所設立。

禿真哉(かむろ しんや)
1974年島根県生まれ。1999年明治大学大学院理工学部建築学専攻修士課程修了。「青木淳建築計画事務所」を経て、現事務所設立。

TORAFU ARCHITECTS
Established in 2004 by SUZUNO Koichi and KAMURO Shinya. In addition to architectural design, participates in a broad range of activities such as retail interior design, exhibition space design, product design, spatial installation, and film making, all based on architectural thinking.

SUZUNO Koichi
Born in Kanagawa prefecture in 1973. Studied architecture at the Graduate School of Engineering, Yokohama National University (1998). Established TORAFU ARCHITECTS after working for Coelacanth K&H Architects, and others.

KAMURO Shinya
Born in Shimane prefecture in 1974. Studied architecture at the Graduate School of Science and Technology, Meiji University (1999). Established TORAFU ARCHITECTS after working for Jun Aoki & Associates.

岡 啓輔
OKA Keisuke

Review

最初に岡啓輔と出会ったのは、15年程前の高山建築学校だった。当時、彼は大工兼ダンサーと名乗っていた。高山建築学校は1972年に開設し、鈴木博之や石山修武が出入りした伝説的なサマースクールであり、通常の大学教育と違い、参加者が実際にコンクリートを練るなどして、1/1でモノをつくる場だった。その後、彼は一級建築士の資格を取り、「蟻鱒鳶ル」がSDレビューに入選する。この時の選考で藤森照信が高く評価したのは、セルフビルドで地下1階、地上3階の鉄筋コンクリートの自邸を建設するという無謀にも思える手作業への挑戦だろう。2005年に工事は始まったが、実際に現場を訪れ、度肝を抜かれた。組積造のように、70cmずつ段階的にコンクリートを打設し、偶然性を取り込みながら、行為の痕跡を装飾として残す、即興演奏のような建築である。設計・施工する建築家の岡は、重機を使うことなく、ひとりでコツコツつくり続ける。世界でも類例がないプロジェクトだろう。なお、このビルは未完であり、現在も東京都内で建設中である。(五十嵐太郎)

I first met OKA Keisuke about fifteen years ago at the Takayama Architecture School. At that time, he was known as a carpenter and a dancer. The Takayama Architecture School opened in 1972, and has become a legendary summer school frequented by people such as SUZUKI Hiroyuki and ISHIYAMA Osamu. Differing from a usual university education, it is a place where participants undertake tasks such as actually laying concrete and make things at 1:1 scale. Oka later obtained his architect license and Arimasutonbiru was selected for the SD Review exhibition. In selecting him, juror FUJIMORI Terunobu made a high evaluation of Oka's seemingly reckless daring in the manual labor of building his own steel-and-concrete house, which has a basement level and three stories above ground. Construction work started in 2005, but I was astounded when I actually visited the site. Like stone masonry construction, concrete is poured in 70cm layers, with traces of the building activities remaining as decoration. It seems to be improvisational architecture. As the design and construction architect, Oka continued to painstakingly build without using heavy machinery. There are probably no similar projects anywhere in the world. Furthermore, it is yet to be completed and even now construction continues in Tokyo. (IGARASHI Taro)

東京の真ん中に、9年がかりでコンクリートビルをセルフビルドする。

Self-building a concrete house in the middle of Tokyo over nine years

「蟻鱒鳶ル（アリマストンビル）」と名前を付け着工して9年余り。僕はほとんど毎日、ラジオを聴きながら、鼻唄歌いながら、アレコレ考えながら、ここで働いています

建築家になるためにと思い、様々な建築現場で職人として働いてきました。でも、ベニアや新建材などの化学物質を多く含む建材を扱い過ぎて身体はガタガタになってしまいました。化学物質過敏症という病で、真夏に寒さで震え、電車の切符の買い方も分からないくらいに頭もやられてしまいました。もうこれまでだと建築家になることを諦めたのは30歳代前半のことでした。

　それまで、「才能など無い僕が建築家なんてスゴイモノを目指すんだから、結婚など人並みな幸せは諦める」と腹を決めて生きていたのですが、「建築家になることを諦めたのだから結婚でもするか……」と、結婚。

　するとほどなくして、妻が「あなたは一級建築士だし大工仕事もできるんだから、小さな土地を買って家をつくろう」と提案してきました。

　馬鹿な僕は「ヨシ！ やろうぜ!!」と安請け合い。諦めたはずなのに、逃げてきたはずなのに、また建築について考え始めることになってしまったのです。

　建築するための土地は買いましたが、「何のためにつくるのか？」「何に依ってつくるのか？」、そんな大問題ばかり考えてしまい、4年間、何も手が付けられませんでした。

恥ずかしくても自分を曝け出してつくる

　僕は長い間、恣意性の無いデザインを求めていました。職人をやりながらもいつも表現を消す手法を探っていて、その流れで、描く建築はドンドン透明になっていきました。

　しかし、「蟻鱒鳶ル（ありますとんび）」（これが僕の自作ビルの名前です）の設計を考え始めた頃、やっと気付いたんです。俺は、建築をつくりたくて建築を始めたはずだ。なのに、恣意的な表現を怖れるあまり、建築を消そうとしていた。これじゃダメだ、思考をひっくり返すぞ、恥ずかしくても、自分を曝け出してつくる！ 高山建築学校で倉田康男がいつも言っていた「ゾクゾクするような『つくる悦び』を取り戻せ」だ！

「RC作製SHOW！」なのです。できる限りシートで覆わず、丸見え状態で作業を進めています。植物のようにユックリ育つ感じをまちの人たちも楽しんでくれています　photo: 鷹野隆大

恣意性が無いデザインなんてない。でも、ヘタな恣意性でベタベタしたデザインは気持ち悪い、ならばどういうやり口で突破するべきか？

そこで20代の頃ずっとやっていた職人仕事と、舞踏のことからこんなことを考えました。

つくること自体の悦びに素直に従うこと。

踊る時のように思考と表現を同時に進めるような即興性を大切にすること。

その頃勉強していた非線形とか、オートポイエーシスとか、フラジャイルな感じとか……。頭は整理されずゴチャゴチャのまま、不安で不安でしょうがないんだけど、同時に、「たまんない！ ワクワクするぜ！」と激しい興奮を覚えるのでした。

着工9年で見えてきた明瞭なモノ

そんな感じで、何の確証もないフニャフニャの仮説を立ててのスタートでした。

尊敬する石山修武さんが「蟻鱒鳶ル」の初期のアイデアを絶賛してくれたのですが、僕はその時、何を褒められているのかすら分かりませんでした。

SDレビューで藤森照信賞をいただいても、ほとんどボーッとしていました。「こんな無謀な計画失敗するに違いない。これ失敗したら死ぬしかないんじゃないか？」などと思い、不安は肥大し続けました。

でもその真逆に「こんなに楽しそうなことを思い付いたんだ、やるしかない!! これ以外に俺の生きる道なし！ 他にやりたいこともなし!!」という気持ちも強くなって行ったのです。

絶望を乗り越えることでしか希望を表現できない冒険家のような、悲壮な覚悟でのスタートだったのです。

実際スタートしても、なかなか作業は進まず躓いてばかりで、ゼロに近い自信を、マイナスにしないくらいがやっとやっとの数年間でした。

この間、友人たちにどれだけ支えてもらったことでしょう。

でも、「蟻鱒鳶ル」ができてゆくにつれて、少しずつ共感してくれる

現われてくる建築にいつもドキドキします。造形がカッコ良いとか悪いとかよりも、鉄筋やコンクリートと問答しながらつくってる感じ。格闘したり戯れあったり

使いみちは決めていませんが、余ったコンクリートはペットボトルや紙コップに入れて固めています。型枠に農業用ビニールを使い、圧力で膨れるのを装飾にして楽しんでもいます

Chapter 7　建築家の役割を広げる　235

数カ月に一度、ジャリ砂を買ってきます。トラックを歩道に乗り上げ、スコップで地下の骨材置場に落とすのですが、これがなかなかのハード作業。友だちたちに助けられまくり！

人が増えてきて、そういう人たちから貰う言葉に励まされ、自分の思考に取り込み、育て、力をつけながら進み続けることができたのです。

もうすぐ着工10年になろうとする今、ようやく押し潰されそうな不安が消え去り、何か明瞭なモノが見えてきた──そんな思いです。

瞬間瞬間を紡いだ生きた建築をつくる

僕は、建築の概念やありようを、あらゆる方向へ拡張させていくことが建築家の仕事だと思っています。

だけど、現実には、モダニズムの亡霊を基調にして、少々味付けを変えた程度の、ボンヤリとした劣化コピーのような建築ばかりができるだけ。萎えます。

僕は、上の世代の建築家たちが発した「建築で世界を動かそう！ 変えてやろう！」って熱に凄く憧れました。建築がどれだけ人の生きざまに影響を与えることか！ 世の中に影響を与えることか！「建築家は思想書一冊書き上げる気持ちで建築つくれー！」って思います。「カフェ風味の爽やかオシャレ建築ばっかりつくってんじゃねぇー！」と腹が立つのです。

僕は「手で考える」ことや、建築の即興性などを考えながら、生き

生きとした建築をつくるという方向に建築を拡張していきたい。

　建築の存在を、消え入りそうな希薄なものとならないように、ちゃんと、そこにあるハッキリとした生きた存在になるように、全身全霊、自分の持つ全ての力を注ぎ込む。

　ちっぽけな自分だけに頼るのじゃなく、周りで起きている様々なことにも意識を向け、「この建築の力になってくれ」と、祈るような思いで建築をつくる。

　描かれた計画をただ遂行するような死んだつくり方ではなく、今ここで瞬間瞬間に起きている全てを紡いでいくような、生きたつくり方を目指す。

　こういうやり方で建築に生き生きとした力を取り戻したい。

　建築は、まちにある。たくさんある。モノをつくる悦びを纏った生きた建築は、まちゆく人々に、生き生きとした明るい思いを真っ直ぐに伝えるはずだ。（TEXT：岡啓輔）

Profile

岡啓輔（おか けいすけ）
1965年福岡県柳川市生まれ。筑後市南部の船小屋温泉で育つ。有明高専建築学科卒業後、会社員を経て、鳶、鉄筋工、型枠大工、建売り住宅の大工など建築現場で作業員をしながら、年に数ヶ月は自転車で日本中の建築行脚をする。22歳の時に、倉田康男氏が開設する建築を学ぶ合宿所「高山建築学校」に入校。以後、通い続ける。その後、舞踏を学び、岡画郎というスペースを運営し、歌舞伎町や代々木公園でパーティーやイベントを続けていたが、2005年にほとんどの活動をやめて、セルフビルドビル「蟻鱒鳶ル」の建築に着手する。

OKA Keisuke
Born in Yanagawa city in 1965. Raised at the Funagoya Onsen in the south of Chikugo city. After graduating from the Architecture Department at Ariake National College of Technology, became a company employee and then, while a laborer on construction sites as a steeplejack, maker of reinforcement, formwork carpenter, and carpenter for prefabricated houses, and spent a few months each year bicycling throughout Japan for architectural sightseeing. At the age of 22, entered the Takayama Architecture School, a training camp established by KURATA Yasuo, to study architecture. Has continued to attend this school since then. Later studied dance and ran a space called "Oka Gallery", organizing parties and events in such places as Kabukicho and Yoyogi Park, but ended most of these activities in 2005 and launched the self-build "Arimasutonbiru" project.

謝辞

展覧会「3.11以後の建築」開催にあたり、多大なるご協力を賜りました関係機関、関係者の皆様に深く感謝の意を表します。(敬称略)

金沢21世紀美術館

五十嵐太郎	東洋大学ソーシャル	香村翼	福井亜啓	鶴ヶ島市
山崎亮	デザインスタジオ	小嶋一浩	福屋粧子	NPO法人鶴ヶ島第二小学校区
	日建設計	小林史彦	藤縄善朗	地域支え合い協議会
	日建設計ボランティア部	小松拓郎	藤原友美	東北工業大学福屋研究室
青木淳	東日本大震災における	紺田健司	降矢聡	株式会社中島工務店
新居千秋	建築家による復興支援	近藤樹	星野継太	有限会社中林不動産
家成俊勝	ネットワーク[アーキエイド]	今野秀太郎	穂積雄平	日本大学工学部浦部智義研究室
石原嘉人	ブルースタジオ	酒井康史	堀井徳仁	Nevessa
伊藤豊雄	ワークヴィジョンズ	佐々木昭博	槇泰示	株式会社芳賀沼製作
伊藤暁		佐々木伸	松井健太郎	公益財団法人福武財団
乾久美子	青木悦子	笹田侑志	松崎勉	プラザ樹
井上タツ子	青木誠治	佐藤あさみ	万波智美	株式会社北國銀行
猪熊純	朝霞雪絵	品川雅俊	水野一郎	北国不動産株式会社
岩田雅希	浅野雄一	柴野美弥	満田衛資	NPO法人まちづくり機構
大島芳彦	芦沢啓治	嶋正巳	宮保真	ユマニテさが
岡啓輔	阿部仁史	下吹越武人	邑井知香子	もろみ蔵
垣内光司	新居未陸	庄子忠宏	村瀬慶彦	養命酒製造株式会社
禿真哉	池田隆志	白石誠	mona	純喫茶ローレンス
川島範久	乾櫻子	申梨恵	本江正茂	合同会社ワザナカ
川原由美子	犬塚恵介	鈴木理麻咲子	森迫麻紀子	
工藤和美	井上智香子	隅田徹	森田淳志	
光嶋裕介	井上雅子	清野貴夫	薬師寺将	
小津誠一	今井義一	十河彰	山内拓人	
阪口大介	岩田正輝	鷹野隆大	山川力稔	
三分一博志	上野杏子	高平大輔	山口崇	
赤城武志	内田樹	竹内吉彦	山崎雅之	
鈴野浩一	浦部智義	武田恵佳	山根俊輔	
須磨一清	遠藤啓美	田崎祐樹	山元恵美子	
高岡伸一	大内裕史	田代真佐子	山本貴敏	
竹内昌義	太田和伸	立野賢哉	吉崎良一	
辻琢磨	太田拓実	田中重夫	吉里裕也	
土井亘	大西麻貴	田中由美	吉野太基	
成瀬友梨	大橋一隆	谷口景一朗	米林幸汀	
西村浩	大南信也	田村柚香里	渡辺由佳	
芳賀沼整	岡本晋作	千葉学	渡辺真理	
橋本健史	奥野順次郎	塚本由晴	綿引洋	
畠山直哉	長内正雄	槻橋修		
羽鳥達也	小野田泰明	出村まさと	青木クッキングスクール	
馬場正尊	小野寺望	寺田親弘	社団法人石川県郷友会	
坂茂	小野寺紘宇	中島史享	株式会社イスルギ	
坂東幸輔	貝島桃代	中田千彦	株式会社浦建築研究所	
平田晃久	茅原愛弓	南保光	雄勝スタジオ	
藤村龍至	加藤大典	新美智進	学生団体SNOU	
藤本壮介	加藤純	西田祥子	金沢工業大学宮下智裕研究室	
松田達	加藤雄介	沼澤鷹州	金沢市旅館ホテル協同組合	
宮下智裕	金田未来	沼田美子	株式会社刊広社	
彌田徹	亀田鐵衛	苗加鐵衛	株式会社きんしん保険サービス	
山梨知彦	魏婷	服部あかね	佐賀市経済部中心市街地活性化室	
	木下栄理子	馬場由佳	佐賀市街なか再生会議	
石巻工房	工藤裕太	濱松千晶	株式会社佐波	
エンデザイン	国枝千晶	浜室光	シオタニ株式会社	
東北芸術工科大学	恋水康俊	平野慶眞	大洋建設株式会社	

本書は以下の展覧会に関連して出版されました。

「3.11以後の建築」
2014年11月1日(土)〜2015年5月10日(日)
主催:金沢21世紀美術館[(公財)金沢芸術創造財団]
後援:国土交通省、公益社団法人日本建築士会連合会、一般社団法人日本建築学会、
一般社団法人日本建築士事務所協会連合会、公益社団法人日本建築家協会、一般社団法人日本建設業連合会、
特定非営利活動法人日本都市計画家協会、公益財団法人都市計画協会、公益社団法人日本都市計画学会、
北國新聞社
協力:金沢市教育委員会、金沢市中学校教育研究会美術部会、金沢市中学校文化連盟美術部会、モダンアート協会金沢支部、
金沢アート工房

ゲスト・キュレーター:五十嵐太郎、山崎亮
コーディネーター:鷲田めるろ(金沢21世紀美術館)
アシスタント・コーディネーター:柴田直美、堀江紀子、高橋洋介(金沢21世紀美術館)、広本加奈恵
展示設営:児玉賢三(金沢21世紀美術館)
アーカイヴ:石黒礼子(金沢21世紀美術館)
教育普及:木村健(金沢21世紀美術館)
広報:落合博晃(金沢21世紀美術館)
展覧会アシスタント:猿橋舞子(金沢21世紀美術館インターン)

This publication is published in connection with the following exhibition.
Architecture since 3.11
Saturday, November 1, 2014 - Sunday, May 10, 2015
Organized by 21st Century Museum of Contemporary Art, Kanazawa [Kanazawa Art Promotion and Development Foundation]
Guest Curators: IGARASHI Taro, YAMAZAKI Ryo
Coordinator: WASHIDA Meruro (21st Century Museum of Contemporary Art, Kanazawa)
Assistant Coordinator: HORIE Noriko, SHIBATA Naomi, HIROMOTO Kanae,
    TAKAHASHI Yosuke (21st Century Museum of Contemporary Art, Kanazawa)
Installation Coordinator: KODAMA Kenzo (21st Century Museum of Contemporary Art, Kanazawa)
Archivist: ISHIGURO Reiko (21st Century Museum of Contemporary Art, Kanazawa)
Educator: KIMURA Takeshi (21st Century Museum of Contemporary Art, Kanazawa)
Public Relations: OCHIAI Hiroaki (21st Century Museum of Contemporary Art, Kanazawa)
Assistant: SARUHASHI Maiko (Intern of 21st Century Museum of Contemporary Art, Kanazawa)

金沢21世紀美術館維持会員(2014年9月13日現在)
株式会社中島商店／株式会社橋本確文堂／ヨシダ印刷株式会社／株式会社パークウェーブ／真柄建設株式会社／株式会社北都組／金沢市一般廃棄物事業協同組合／金沢商工会議所／SANAA事務所／株式会社竹中工務店北陸営業所／米沢電気工事株式会社／ナカダ株式会社／金沢市農業協同組合／北陸電力株式会社石川支店／株式会社福光屋／一般社団法人石川県鉄工機電協会／金沢雇用推進協議会／大村印刷株式会社／石川県勤労者文化協会／前田印刷株式会社／株式会社うつのみや／株式会社ザクシスヤズ／ヨシダ宣伝株式会社／公益社団法人金沢市医師会／ニューハウス工業株式会社／ハヤシ印刷紙工株式会社／金沢信用金庫／株式会社総合園芸／西日本電信電話株式会社金沢支店／株式会社ヤギコーポレーション／株式会社ジェイアール西日本コミュニケーションズ北陸支店／株式会社北國銀行／金沢ホテル懇話会／社団法人金沢建設業協会／ニッコー株式会社／連合石川かなざわ地域協議会／株式会社金沢環境サービス公社／医療法人社団竹田内科クリニック／株式会社日本海コンサルタント／渋谷工業株式会社／株式会社アイ・オー・データ機器／株式会社PFU／石川県中小企業団体中央会／社会福祉法人北伸福祉会／医療法人社団健真会耳鼻咽喉科安田医院／株式会社メープルハウス／能登印刷株式会社／シナジー株式会社／株式会社オトムラ／金沢ビューティーカレッジ／株式会社金沢舞台／株式会社マイブックサービス／北陸名鉄開発株式会社／高桑美術印刷株式会社／株式会社浅田屋／北菱電興株式会社／株式会社四緑園／公益財団法人金沢勤労者福祉サービスセンター／株式会社橋本清文堂／カナカン株式会社／株式会社細川造園／株式会社かゆう堂／株式会社バルデザイングループ／サンワ株式会社／石川県ビルメンテナンス協同組合／横浜エレベータ株式会社／北陸通信工業株式会社／株式会社グッドフェローズ／日本海警備保障株式会社／株式会社山越／株式会社浦建築研究所／田中昭文堂印刷株式会社／医療法人社団永幸会ながい内科クリニック／株式会社金沢商業活性化センター／株式会社加賀麩不室屋／金沢中央農業協同組合／べにや無何有／日本ケンブリッジフィルター株式会社／株式会社パロマ／めいてつ・エムザ／日機装株式会社／横河電機株式会社／株式会社小松製作所粟津工場／協同組合日本ビジネスロードセンター／有限会社芙蓉クリーンサービス／株式会社インプレス美術事業部／甘納豆かわむら／岡三証券株式会社金沢支店／株式会社Office・Can Do／株式会社アドバンス社／金沢ターミナル開発株式会社／株式会社グランゼーラ／まつだ小児科クリニック／アサヒビール(株)北陸統括本部／公益財団法人高岡市勤労者福祉サービスセンター／アルスコンサルタンツ株式会社／施設整備株式会社／医療法人博友会 金沢西病院／竪町商店街振興組合／株式会社 計画情報研究所／広坂振興会／香林坊商店街振興組合／柿木畠振興会／公益社団法人金沢市シルバー人材センター

Architecture since 3.11
New relationships between society and architects
Written and edited by
IGARASHI Taro, YAMAZAKI Ryo
Translated by Thomas DANIEL, courtesy of
21st Century Museum of Contemporary Art, Kanazawa
Published by Gakugei Shuppansha Co., Ltd.
　　　Nishinotoin-Higashi-iru, Kizuyabashidori,
　　　Shimogyo-ku, Kyoto 600-8216, Japan

3.11以後の建築
社会と建築家の新しい関係

2014年11月15日　第1版第1刷発行

編著者　　五十嵐太郎　山崎亮
発行者　　前田裕資
発行所　　株式会社 学芸出版社
　　　　　京都市下京区木津屋橋通西洞院東入
　　　　　電話 075-343-0811　〒600-8216
　　　　　http://www.gakugei-pub.jp
　　　　　E-mail info@gakugei-pub.jp
編　集　　渡辺直子　つぐまたかこ　広本加奈恵
カバーアートディレクション　カイシトモヤ
本文デザイン　テンテツキ
印刷・製本　株式会社シナノパブリッシングプレス

©2014 IGARASHI Taro, YAMAZAKI Ryo,
21st Century Museum of Contemporary Art, Kanazawa
Printed in Japan
ISBN978-4-7615-2580-4

JCOPY 〈(社)出版者著作権管理機構委託出版物〉
本書の無断複写（電子化を含む）は著作権法上の例外
を除き禁じられています。複写される場合は、そのつど事前に、
(社)出版者著作権管理機構（電話 03-3513-6969、
FAX 03-3513-6979、e-mail: info@jcopy.or.jp）の許諾
を得てください。
また本書を代行業者等の第三者に依頼してスキャンやデ
ジタル化することは、たとえ個人や家庭内での利用でも著作
権法違反です。